艺术公开课

挥云而去

十张画里看中国

韩涧明 著

中信出版集团 | 北京

图书在版编目（CIP）数据

挥云而去：十张画里看中国 / 韩涧明著 . -- 北京：
中信出版社，2019.7
（艺术公开课）
ISBN 978-7-5217-0560-7

Ⅰ . ①挥… Ⅱ . ①韩… Ⅲ . ①文化史—中国 Ⅳ .
① K203

中国版本图书馆 CIP 数据核字 (2019) 第 089067 号

挥云而去：十张画里看中国
艺术公开课

著　　者：韩涧明
出版发行：中信出版集团股份有限公司
（北京市朝阳区惠新东街甲 4 号富盛大厦 2 座　邮编　100029）
承 印 者：北京图文天地制版印刷有限公司

开　　本：700mm × 1000mm　1/16　　印　　张：12　　字　　数：113千字
版　　次：2019年7月第1版　　印　　次：2019年7月第1次印刷
广告经营许可证：京朝工商广字第8087号
书　　号：ISBN 978-7-5217-0560-7
定　　价：58.00元

目录

自　序

旧梦怎圆

第一张画·

《武陵春图》

国人心中的维纳斯

第二张画·

《幽居图》

什么是中国式好房子

第三张画·

《葛稚川移居图》

古人的神仙世界

第四张画·

《溪山行旅图》

为什么是山水

第五张画·

《秋风纨扇图》

病态是怎样一种美

第六张画·

《六君子图》

文人的浩然之气

第七张画·

《水仙蜡梅图》

入世的希冀与宿命

第八张画·

《香山九老图》

我们的传统如何对待老人

第九张画·

《十八学士图》

古人为什么要雅集

第十张画·

《耕织图》

忠厚传家久，诗书继世长

技法是中国画的基础，但不是归宿。
中国画美，因为它是属于心灵的。
中国文化的千年延续，是智慧的薪火相传，
是建立在中国人不断深入的思考之上。
面对丰富的智慧宝库，
简单的供奉不如打开它的大门。
——韩润明

自序

旧梦怎圆

今天的人们很热衷于谈文化，那么，文化是什么呢？

此前我接受过一个观点，叫“文而化之”，即所谓文化，就是将“文”的内容“化”在具体的东西上。现在看来，这个观点值得商榷。文化需要更准确的解释。

前阵子，以色列的尤瓦尔·赫拉利所写的《人类简史》极为风靡，让很多人如醍醐灌顶。他提出一个观点——人类与动物的根本区别在于虚构，人类社会的发展被虚构所推动。

虚构？这个话好像没有说完。

“虚构”实际上是个动词，在它后面还应该有个宾语存在，也就是虚构了“什么”。那么人类虚构了什么呢？尤瓦尔·赫拉利的解释是“故事”。我以为，“故事”这个词还不够确切。我把它换作另一个词，然后发现，我找到了需要的答案——

梦想！

今天的社会，大部分人都变成了“低头一族”，在哪里都盯着手机看，地铁里，躺在床上，走路时，吃饭时……各种后果也因此显现，比如更古怪的人际距离、交通事故、视力下降、睡眠不足……有人呼吁：回归现实生活，放下手机！

放得下吗？

放不下。因为人们拿着的其实不是一部部手机，每个人手中捧着的，都是他们的梦想。他们的生命寄托在那里，让他们如何能放下？

开车有“路怒族”。一个温文尔雅的人，握着方向盘上路会忽然变得怒不可遏。社会学家有过各种解释，而“路怒”，同样与梦想有关。

一个人系好安全带，开车上路，他就不再仅仅是赶路，而是进入了关于驾驶的梦想，可是道路现实却不断将他从梦想中喊醒。想一想，你突然被某些很糟糕的事情从美梦中叫醒，比如突如其来的噪声，你是怎样一种心情？

一个浪漫的婚礼寄托的不仅是对对方的爱慕，而是自己对婚姻生活的美好梦想。结婚之后，梦想被现实取代，此时如果两个人不能创造共同的、新的梦想，那么婚姻将很难维系。

网络购物有“剁手一族”，他们完全控制不了自己的购物欲，其原因也是他们在购买梦想。一支口红、一件衣服、一包食品、一台家电……所有的一切并不仅仅出于实用，也是这些物品带给自己的梦想：一支关于梦想的口红，一件关于梦想的衣服……可见，设计师工作的本质是设计梦想，消费行为的本质是消费梦想。

回过头来我们再看，文化是什么呢？

文，即是“纹”，也就是花纹，换言之，是一种表现形式；化，是动词，是形态的改变，也就是把什么东西转成另外的一种状态。两个字放在一起，意思不是“文而化之”，而是“化而为文”，也就是把什么东西转化为“花纹”（某种表现形式）。很显然，“文化”两个字，实际上省略了一个主语（把什么化而为文），这个主语，和尤瓦尔·赫拉利的“虚构”所缺少的宾语是同一个词：梦想。

因此，所谓文化，就是人类把梦想变成某种表现形式，文化的实质意义为：实现梦想。

文化即造梦。

很多人谈文化会感到虚无缥缈，因为梦想本来就是一种虚幻的、非实体的、不断变化的东西，但是我们又分明能感到它的存在，因为虚幻的梦想被人类“化”在一件件东西上面，真真切切地呈现在我们身边。所以，当我们把与人类活动有关的每一件东西都称之为文化的时候，我们会觉得自然而然。

什么是文化？什么不是文化？

今天，中国传统文化很热，意味着我们遇到了一个非常巨大的课题。我以为，我们既没有能力，也没有必要急着下一些定论。很多问题的发生，恰恰是因为我们走得太急了。我们需要先做的事其实很简单，那就是：亲近。近则亲——距离近了，才会看得真切，也才会真正感觉到亲切。

中国传统文化就是中国人的旧梦。时代变了，旧梦的很多内容今天已经变得陌生，陌生就会产生隔阂。就像一锅夹生饭，无论怎么吃都会觉得怪怪的。反过来，饭熟了，才会吃得自然，吃得津津有味。

尽管是旧梦，但人类所需，虽千年万年，变化仍有限，且很多东西早如血液般在我们的血脉当中流动，只是平时我们顾不上回味，而忽略了它。中国传统文化一直在我们的身边，从未离去。

本书写作尝试从十张中国画入手，希望借助这种今天已被很多人感觉有隔膜的艺术形式，细细剖解一个个看得到、感受得到的文化世界，与读者共同走到古今之间的桥梁之上，触摸那种跨越时空又千丝万缕的亲密联系。

有了联系，关系就近了；关系近了，就容易看懂；看懂了，就有了对古人梦想的理解。鉴古知今，不是简单的旧梦重圆，而是理解先人的智慧，从而不负他们为我们今日文明做出的宝贵铺垫。

2019 年 2 月于燕郊

第一张画·《武陵春图》

国人心中的维纳斯

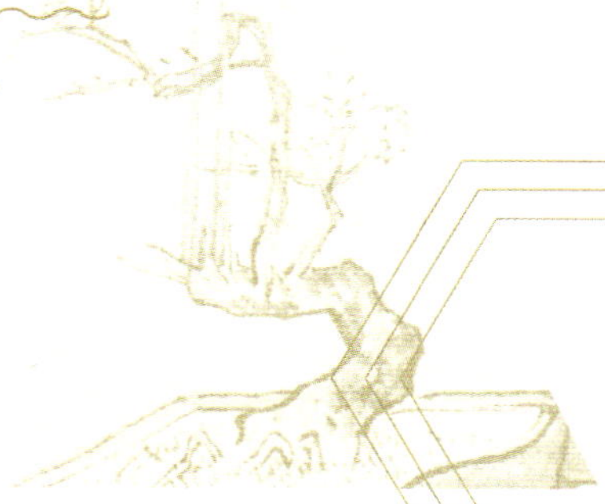

国人今天不再避谈男女，且由不避转为热衷，由此引发的世相种种，热闹非凡。尽管如此，仍不能说国人胆大，因为他们并不敢在文化的殿堂中高高悬挂起他们心中的维纳斯。不敢，多是因为格调不够。与之相比，我们的古人要勇敢得多。

《武陵春图》就是这样一张画作。

按照徐霖所作的《武陵春传》一文，这张画所描述的故事大致是这样的——

武陵春，本名齐慧真。从小喜欢读书，能写诗词中最讲究的绝句，也能谱曲抚琴。但武陵春毕竟是妓女，若不用自己的这些才华（今人谓之“才艺”）讨好客人，客人岂能善罢甘休！有客人强行要她表演时，武陵春怎么做呢？她给客人唱宋诗，结果这些盛气凌人的客人完全听不懂她唱的是什么。在那个文化立世的时代，你的学问尚不及一个妓女，还啰唆什么，乖乖退下写作业去！

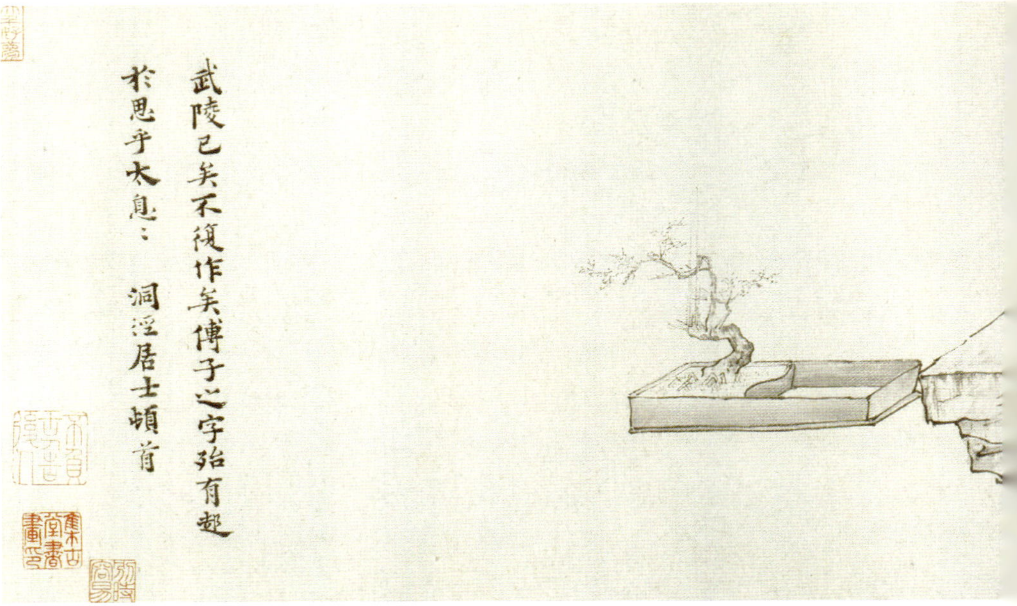

武陵春倾心于江南的傅生。傅生很聪明，也善于吟诵诗词，自然听得懂武陵春，是武陵春的知音。他们相好五年，忽生变故，傅生因为亲戚犯案受到牵连被判远戍广西。为了营救傅生，武陵春倾尽自己所有，可惜仍然没有成功。其间，他们之间只靠书信维系。在书信中，武陵春每每提及以死相许。几个月后，武陵春忧惋而死。

这件事感动了徐霖，写下了《武陵春传》。

此徐霖也非泛泛之辈，乃是一代文人中的奇才。

他六岁丧父，随兄居南京；七岁能诗，时称奇童；善书法，九岁即能写大字；十四岁中秀才，随即被诬告革去，遂潜心书画和戏曲创作。其书法自成一家，尤精篆字，被推为“当代第一”，远及朝鲜、日本，其墨迹被后世视为至宝。所书《千字文卷》分草、楷、篆三幅，现藏故宫博物院。书法而外，徐霖精于绘画，所作山水、花卉皆奕奕有致，传世作品有《菊石野兔图》《初日蟠桃图》等。

▼《武陵春图》明代 吴伟
27.5cm×93.5cm 故宫博物院藏

看了徐霖所写的《武陵春传》，中国明代另一位绘画奇才吴伟也加入对武陵春的歌咏，动手绘制了《武陵春图》。由此，《武陵春图》横空出世，今天仍被视为中国书画中的国宝。

遗憾的是，人们对这件国宝似乎并未有更细致的解读。也许仅是笔者孤陋，未见之前有人对此图细节有所赏评，而这件事笔者偏偏又以为十分重要。

▲《武陵春图》局部

让我们仔细看一看这张画到底画了什么。

表面看，此图既有琴书笔墨，也有盆景石桌，颇有读书人意境。这些道具在吴伟同期人物画中也能见到，带有程式化的味道，就好像现在去拍婚纱照，背景、服装、用光、姿势等，都如流水线生产般相似。因此看这幅画，很容易被这些常见道具所误导，以为此图不过是用最套路的画法把武陵春当读书人画，体现武陵春不流于世俗的高素质……这种想法当然没大毛病，只是有点委屈了中国顶尖画家的绘画能力。

面对武陵春这个故事，明代画家吴伟眼中看到的不是风花雪月，不是美貌的妓女，也不是读书人琴棋书画的文化符号。

让我们再细看看这幅画——

盆景？

不错，盆景虽有梅，但此梅并非常见的坚强怒放的梅花，而更像一株病梅，稀疏寥落，生机黯然。且盆中如今只余其一，旁侧已空，这与此刻对景独怜的武陵春恍如照镜一般。

书？

画面里书清晰可见，但却在匣内，女主人已无心去翻。书是什么？对武陵春来说，并非闲情所致，那是她的才情所在，也是她与所爱之人的红线所系。

琴？

琴已弃置，只当作用来撑拄女主人的肘垫。

此刻，女主人的全部心思都在手中之物上—— 似乎是一册卷轴，它究竟是什么呢？

我们看石桌之上，笔盖尚且旁置，显然主人刚刚使用过笔墨，因此女主人手中的不是别物，正是锦书一封。

锦书是什么？

它是女主人的唯一期冀，那里面写着她给所爱之人的话，是关于情感的生死所托……

这样的中国画足够让我们震撼。

妓女齐慧真者，号武陵春。自少喜读书，能短吟五七言绝句，鼓琴自能谱调。过客不以筝琶取怜，客有强其歌者，歌宋诗余数阕酬之，客莫之解，多不乐。真自嗟曰："堕落业境岂侬本心也。"与江南傅生往来最密，生警敏，亦善吟。缔好者五载，生偶以诖误出戍广西，真竭其帀赀拯之，不得。每寄书，辄以死许。生从戍，真忧惋成疾，不数月遂死。所存有珠玑囊鸡肋集传于人间。端居生曰：武陵春一娼家女流，狎客其分内事也。工文翰已为奇绝，而必择所合者委之，此殆有所见欤。既得其人，遂以死相守，其用情亦当矣，假使其初不失身焉，安知其不可以钟李哥哥之迹乎？

——徐霖，《武陵春传》

吴伟用淡淡的笔墨为我们表现了一段惊心动魄的爱情故事，展现了一位为爱情执着至极的女性形象。这是中国笔墨的味道，含蓄而深沉，节制而抒情。这样的作品放在全世界的文化背景中都是具有强大震撼力的巅峰之作。

如今，举世公认的第一名画是《蒙娜丽莎》，每日参观卢浮宫的人群，包括中国人，可谓络绎不绝。那么，在我们的文化殿堂里是不是也可以有一张我们的《蒙娜丽莎》，让全世界的人慕名而至，在画作前惊叹唏嘘、沉吟徘徊？当我们对《蒙娜丽莎》这样的作品心怀敬畏时，是不是也应该回头重新审视一下中国人自己的艺术风范？

《蒙娜丽莎》在艺术史中的殿堂级地位是由其意义决定的——自文艺复兴开始，有血有肉的、微笑的人类回来了。但是，《蒙娜丽莎》不能代表当时男性对女性的看法，我们到现在也不能真正解读这张肖像的真实意味。在西方艺术形象中，能够代表男性对女性看法的，是维纳斯。而如果将武陵春与维纳斯比较，我们也能发现其中微妙的差别。

历史上，当国门骤开时我们曾惊艳于西方的艺术。作为美的化身，充满质感、性欲的女性画像将我们的传统观念冲击得一塌糊涂。今天，如果谁怀疑这样的女性画像有色情意味，还会有人用"你不懂艺术"的大帽子打击你。实际上，当人性解放之门被打开，西方很多描写女性的画作都已很难将情色与艺术、情色与感情分开，古典的维纳斯像以及这一题材的后续演进也是如此。

但是，我们能。

想一想，我们文字记载中留下的名妓形象，是不是大多更像武陵春呢？

这并不是一种巧合。

南京流淌着一条特殊的河，这就是声名赫赫的秦淮河。

秦淮河又被称为"十里秦淮",如果从公元二百多年的"六朝金粉"算到 20 世纪初叶的民国，差不多"蔷薇色"（朱自清语）地流淌了一千七百年。朱自清与俞平伯相约沉醉在这条河上，各自写下了一篇《桨声灯影里的秦淮河》。实际上，朱自清其时的秦淮河早已面目全非。秦淮河最繁盛的时期在明末,最著名的标志就是"秦淮八艳"。柳如是、马湘兰、卞玉京、李香君、董小宛、顾横波、寇白门、陈圆圆……这些名字对于公众，不说如雷贯耳，大致也是有所耳闻。

"秦淮八艳"之所以有名，且被后世反复咀嚼，实在是因为其中包含的内容太过丰富。它是秦淮河在最辉煌时的谢幕，是被历史大变局强行撕裂的一道伤口。就像炮火轰开了一所大宅子，让路人从硝烟中窥见了从未见过的华丽与悲伤。

在这撕裂的一幕中，“秦淮八艳”有没有武陵春的味道呢？我们来看一看。

2016年，在中国嘉德春季拍卖会上，一件清代余集、程庭鹭绘《河东君小像册》以80.5万元成交，这一成交价差不多是估价的两倍。画中所绘河东君，有一个更为公众熟悉的名字：柳如是。

这类带有“秦淮八艳”历史遗留痕迹的作品，如果大致可信，一旦现身拍场就会触发藏家的情思。2008年，这件作品曾在中国香港苏富比上拍，苏富比给这件拍品起的名字叫《柳如是小影》，比嘉德直白多了。

这件拍品画的是什么内容呢？册页中的第一幅图画注明为《河东君初访半野堂小影》，图中柳如是一副男性儒生打扮，这又是怎么回事呢？由此我们不能不涉及柳如是最著名、最让无数中国文人魂牵梦萦的典故，同时也是清代文人始终放不下的绘画题材：河东君初访半野堂。

流行的说法是这样的——

柳如是女扮男装，以一副儒生的打扮来到半野堂外。此前的柳如是并不叫柳如是，而叫“杨爱”。她将名片递给守门人，请求拜见钱谦益。名片上写着她的化名：柳是——她将真名的“杨”化为“柳”，将“爱”化为“是”，随名片还附上了她写的诗。

钱谦益起初不以为意，以为又是什么闲杂人等来攀附，让守门人告知来者：我家钱老爷已经出门了，不在府上。虽然未见到来人，但柳如是的诗作还是递了上去。钱谦益在不经意间拿起柳如是随名片递过来的诗作，览毕大吃一惊。这一方面说明柳如是诗写得确实不错，另一方面，钱谦益从其中也读到了些许艳丽的内容，绝非一般秃小子写得出来的。于是，钱谦益找到守门人打听来者状貌，守门人告知乃是一英俊儒生。钱谦益闻言急忙坐上轿子赶往码头，在小船上，

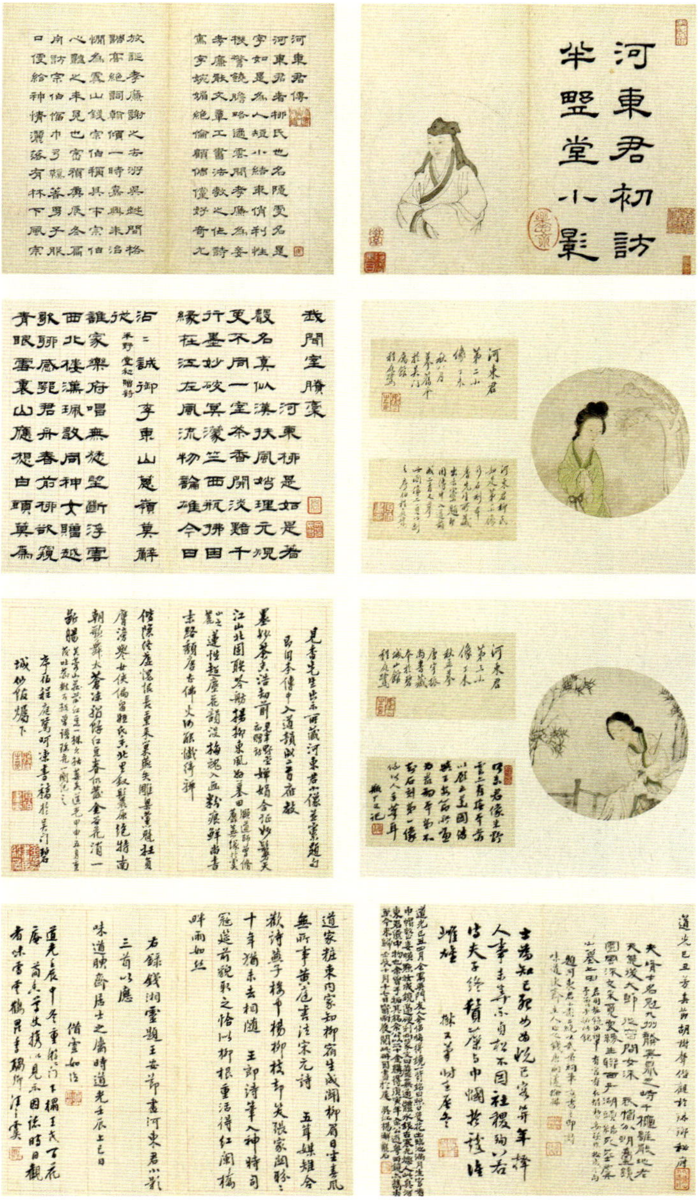

◀《河东君小像》册页 清代 余集、程庭鹭绘
藏地不详

▶《河东君小像册页》局部
上图为余集摹顾苓所作，下二幅为程庭鹭所绘

他见到了一位绝世美女在等着他，于是将美女——柳如是接到了半野堂，成就一段佳话。

上述说法流传甚广，然而这个说法中八卦的成分被陈寅恪先生证伪了。

陈寅恪先生指出，在拜访钱谦益之前，柳如是就已经叫柳如是了。柳如是自称“我闻居士”，号“如是”，这来自佛经“如是我闻”。

陈寅恪先生认为，顾苓为钱谦益的学生，他对河东君初访半野堂这一段的描述应该更接近事实。

按照顾苓的《河东君传》记叙，柳如是曾为某孝廉妾，但个性过于强烈，完全不同于传统闺阁中的侍妾，孝廉难以接纳。但孝廉很开明：世界这么大，你想去看看，你就走吧。被孝廉放走，柳如是如同龙入大海，游于吴越之间，写了不少诗词，一时倾倒众生，江湖为之侧目。就像武侠小说中的段落，江湖中突然出现了一位天分极高的少年奇才，而且还是位美女。

有人把柳如是的事迹讲给钱谦益，钱谦益不由心生艳羡：这种才华横溢的奇女子，我居然未曾见过。钱谦益没有料到，不等他踏雪寻梅，他心中艳羡的奇女子竟不请自到，登门拜访。其时，钱谦益为文坛领袖，而柳如是所要寻找的正是最高水平、最不同于世俗男人的：名士。

顾苓书写的柳如是是这样的：“为人短小，结束俏利，性机警，饶胆略。”在见钱谦益的时候则是：“幅巾弓鞵，著男子服。口便给，神情洒落，有林下风。”

男扮女装的女高士洒脱利落，口才极好。她的出现，令钱谦益大喜。柳如是以粉丝的姿态，写诗就教于钱谦益，这让钱老先生颇为受用。为了征服这位迷妹，钱老先生穷尽毕生所学与柳如是和诗应答。好在钱老这方面绝非浪得虚名，得到了柳如是的认可。二人“定情之夕，在辛巳六月初七日。君年二十四矣。宗伯赋《前七夕诗》，要诸同人和之”。

为了迎接这位二十四岁的新人，钱谦益还在自己半野堂后面筑绛云楼。

绛云楼什么样呢？

顾苓说——

房栊窈窕，绮疏青琐。旁龛金石文字，宋刻书数万卷。列三代秦汉尊彝环璧之属，晋唐宋元以来法书名画，官哥定州宣成之瓷，端溪灵璧大理之石，宣德之铜，果园厂之髹器，充牣其中。

这么说吧，如果这座楼原封不动地保留至今，当今全球恐怕没有一位私人藏家能望其项背：带铭文的青铜器与碑刻实物，万卷宋刻书，上古直至秦汉的青铜器、玉器，晋唐宋元的名家书画，宋代五大名窑以及宣德、成化瓷器，宣德铜炉，明代果园厂御制漆器……这在当时叫顶级收藏，放在当下就是全球一流的博物馆。

在钱谦益搭建的这座“博物馆”中，柳如是所做的也完全是传统文人所做的事情，就像当年李清照与赵明诚研究中国古文化一样——

君于是乎俭梳靓妆，湘帘棐几，煮沉水，斗旗枪，写青山，临墨妙，考异订讹，间以调谑，略如李易安在赵德卿家故事。

这段话有必要细读。

柳如是在绛云楼中洗去铅华，淡妆出场，挂起湘妃竹的帘子，摆好棐几——棐几，常解释为榧木制成的几案。史载，王羲之曾见棐几光滑可爱，忍不住上去书写。由此，棐几变成了高雅文化的代名词。

还有另一种解释，即所谓棐几之“棐”，乃是辅助之意。在王羲之那个年代，人们还是席地而坐，家具都是基于此设计制作的矮足家具，棐几就是人们坐在地上时，用来搭扶及其他辅助的几案。

我们不能排除柳如是有一件名贵的棐几收藏，但更大的可能是，此棐几在于表明柳氏追慕先贤，支起了最为讲究的书案。套用修辞手法，叫“借代”。

柳如是如此讲究，是要做什么呢？

煮沉水——以沉香煮水，可以饮用；

斗旗枪——一牙茶叶，由一叶、一杆组成，形如旗帜，故品茶乃至斗茶就叫斗旗枪；

写青山——画山水画；

临墨妙——写书法；

考异订讹——读书考据；

间以调谑——有时间就调调情、开开玩笑。

神仙的日子怕也不过如此，可是，他们和李清照、赵明诚一样，遭遇的是历史上最为残酷的一幕：国破。

弘光元年（1645 年）五月，清兵攻陷南京。大明先朝遗民陷入了一种极度矛盾的生存境遇中。这时，柳如是建议钱谦益与自己一同投河，以身殉国，只有这样才对得起他们的旧朝名士风范。钱谦益以为不可，柳如是却坚持投河，虽被救起，但此次纠葛，令钱谦益一代名士的名声扫地，而柳如是则声誉鹊起。1644 年，钱谦益去世，柳如是随后悬梁自尽。

从嘉德拍卖的清代余集、程庭鹭绘《河东君小像册》中，我们可以隐约看到这段历史脉络。

该册第一开《河东君初访半野堂小影》的原作者正是钱谦益的门生顾苓。他画这幅小像的初衷，也是希望将柳如是这种刚烈的气节传诸后人，即画中题款所说，“劝虞山以死节，不能从，欲自赴水死，何侠可烈也。苓特为作传，绘图以垂不朽”。清代画家余集在看过顾苓真迹之后久久不能释怀，于是摹了这张画，也就有了今天我们看到的《河东君初访半野堂小影》。

余集有“余美人”之称，绘像功夫自然了得，名声也大。据说正是因为他画了柳如是这张画，最终没能考取状元。结合题款，可知另外两幅圆光像则为程庭鹭分别摹于“吴门寓馆”与“碧城山馆”。可以想见，其时文人对柳如是的推崇以及不断绘画歌咏。

之所以出现如此现象，柳如是的才华是原因之一。秦淮八艳皆有才情，但更重要的是，柳如是身上有着令文人最心神往之的气质，那就是在极端情况下能够做出他们心目中只有绝世英雄才能做出的事情。圣人之事，“秦淮八艳”做到了，这在传统文人心中是种怎样的感觉呢？

当然，这些文人还有一个没有说出的共同的秘密，那就是，“秦淮八艳”洞穿了他们的内心世界。

我们来看看“秦淮八艳”中的另一位：李香君。

“秦淮八艳”怎么排名，并没有公认的说法，有人认为，柳如是当排第一；也有人认为，这第一之位非李香君莫属。笔者见到有李香君的研究者主张，应该让李香君来做南京市的形象大使。

在“秦淮八艳”中，李香君是非常特殊的一个，非常特殊！

李香君叫什么呢？

确切的名字就是侯方域在《李姬传》中所载：李香（为论述方便，以下皆写作李香君，不做区别）。

“李香君”这个名字，是孔尚任给起的——他在根据李香君、侯方域故事创作的戏剧《桃花扇》中使用了这个名字。李香君在“秦淮八艳”中，包括在世人心中的地位，正是拜《桃花扇》所赐。

侯方域的《李姬传》，是关于李香君其人的第一手资料，个中内容颇值玩味。

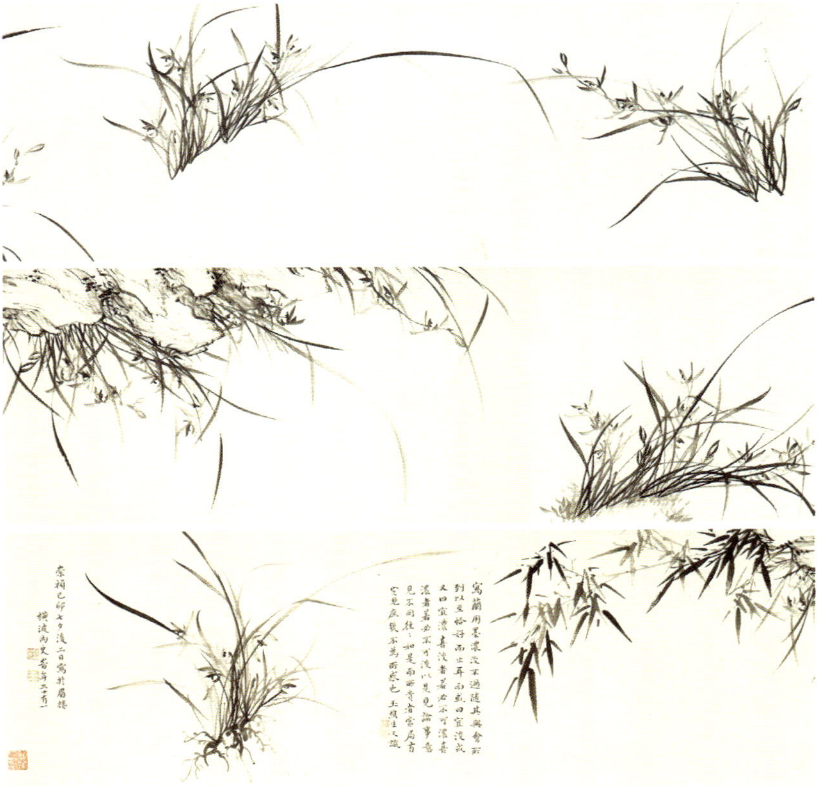

◀《幽兰竹石图》明代 顾横波
藏地不详

◄《李香君肖像》 清代 崔鹤
美国大都会艺术博物馆藏

首先，侯方域本人写李香君相当克制，即便在其他提及李香君的文字中也多一带而过，传达的意思就是我在金陵时曾交往过的一妓。

那么，侯方域对于这一妓的看法如何呢？答案是两个字：敬重。

按照侯方域所说，他和李香君的交往始于诗歌唱酬，即侯方域为李香君写诗，李香君为侯方域唱曲。李香君在才艺方面有独门绝艺，能唱《玉茗堂传奇》四种。玉茗堂是明代戏曲家汤显祖的书斋，《玉茗堂传奇》四种，即汤显祖的名作《还魂记》《南柯梦》《紫钗记》《邯郸梦》。此外，李香君还擅琵琶，能歌琵琶词，但并不轻易示人。

李香君表现出来的另一个特质，就是有见识。她一眼看出阮大铖借王将军结交侯方域的企图，及时点醒了侯方域。后来侯方域科考失利，李香君在桃叶渡为侯方域送行。这个时候，李香君唱了一段琵琶词，借机谈了自己的一些观点，令侯方域印象深刻。

从李香君对侯方域的讲话来看，李香君所唱的琵琶词的内容，应该就是《琵琶记》。

《琵琶记》是什么故事？

这是元朝末年的一部戏剧，故事的情节是这样的——

蔡邕与赵五娘婚后过着幸福的生活，但蔡邕的父亲说，你这老婆孩子热炕头的不行，赶紧参加科举考试去！父命难违，蔡邕只好离家赶考，结果中了状元，当朝宰相要把女儿嫁给他。蔡邕没办法，只得依了。正好这时他的家乡遭遇饥荒，父母双亡。蔡邕想辞官回乡看看父母，但朝廷并不批准。后来还是赵五娘一路行乞进京寻夫，二人终得团圆。

因此，李香君接下来所说的这些话，就更是耐人寻味了。

李香君说：你这个人很有才华，不比我琵琶词里的蔡邕差。可是蔡邕虽有才华，但他的行为跟不上他的才华。琵琶词的故事虽是编的，但历史上他的确曾经依附董卓。你本身性格豪迈，不拘于世俗，现在科举失意，我们又不一定什么时候能见，我希望你能始终自爱。琵琶词以后我不会再唱了。

如果这一段话是他人所写，我们大约会认为是小说家附会，既然这是侯方域本人所写，我们就不能不仔细体味了。

李香君之所以说不再唱琵琶词，一定是琵琶词的意义已经完成，她唱给侯方域算是功德圆满了。这里面包含着李香君对侯方域的期待，但她表达得相当含蓄。这一点，情场高手侯方域当然也心知肚明，但是请注意，在侯方域的记述中，他并没有接招，未做回应。

反过来，从李香君此时的表现看，我们发现，李香君对侯方域几乎是看进了骨头里。

《琵琶记》中的蔡邕深陷传统社会规则之中不能自拔，李香君显然是想借这个故事提醒侯方域。她一定觉得侯方域在权衡一些问题的时候容易顾此失彼，才学虽高但不一定是好事，很可能在某些关键时刻把持不住自己。

李香君不幸言中。这位侯公子后来果然在明亡后耐不住寂寞，参加了清廷的科举考试。我们不知道他究竟经历了什么，在这次考试后他仿佛醒悟了，然后整理了自己的文集，命名为《壮悔堂文集》。

侯公子果然后悔了。

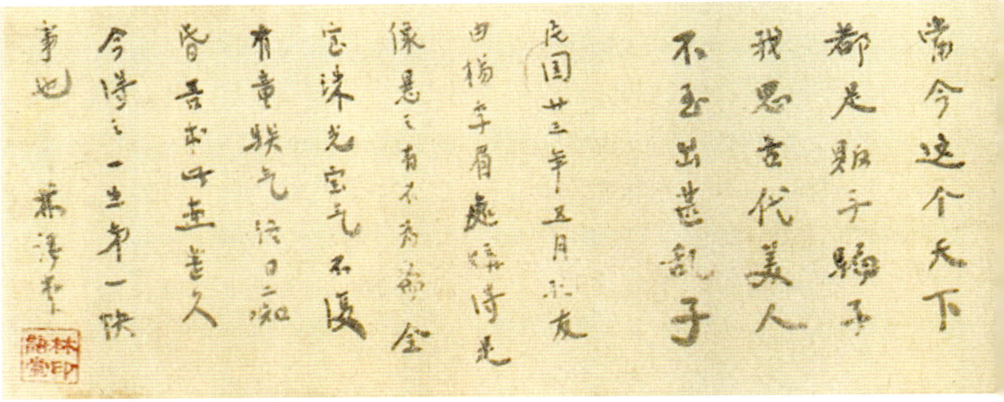

令侯方域喟叹的不止于此。

在侯方域离开金陵后，有位朝廷退下的高官叫田仰，愿付高价见李香君一面，被李香君拒绝了。李香君是什么意思呢？她认为，这种品行的人我是根本不会见的，当年我赞赏侯方域，侯方域也认同我，不就是因为我们对结交之人有所区分吗？今天我要是为了钱去见了那个人，不是等于打侯公子的脸吗！

《李姬传》的叙述到此戛然而止。

如果仅仅如此，侯方域与李香君的故事不过是一个惺惺相惜加一面之缘的故事，这个故事被发扬光大乃是借助了另一个人的力量——孔尚任。

孔尚任为清代康熙年间国子监博士，孔子的六十四代孙。他前后准备十几载，大幅增删修改三次，写成了名垂青史的戏剧《桃花扇》。

有点《红楼梦》的味道？

不错，和《红楼梦》一样，这部《桃花扇》同样也是“假作真时真亦假，无为有处有还无”。

孔尚任历时十几载走遍大江南北调研先民遗老，包括与侯方域、李香君有过接触，了解实际情况的人，听他们讲述各种细节。

桃花扇这一点睛之笔，就出自他的调查，基于此重构了整个故事。

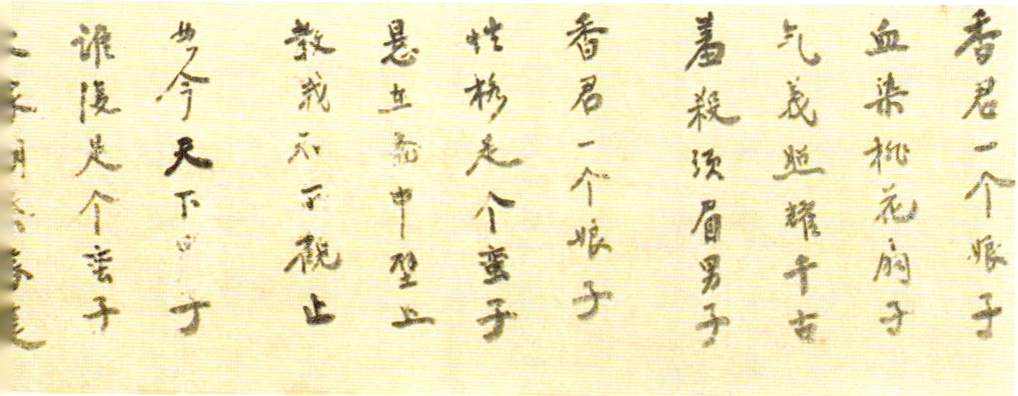

▼《李香君画像》底部·林语堂行书跋文

在戏中，李香君与侯方域的定情物是一把扇子。其时，侯方域被阮大铖陷害不得不逃离南京，李香君闭门谢客等待侯方域归来。这时我们前文提到的高官田仰又出现了，他要收李香君为妾。阮大铖便替田仰出头，派人去强娶李香君。李香君被逼以头撞柱，鲜血溅在了扇子上。侯方域之友杨龙友以上面的血迹绘成桃花，这便是桃花扇了。侯、李两人各自经历磨难，几年后在白云庵重逢，在张道士点醒之下，二人双双出家。

孔尚任的这个故事虽然秉持着戏剧原则，但是今天的很多学者认为，《桃花扇》基于大量现实调查，其内容的真实程度基本相当于今天的报告文学。

孔尚任自己也说——跟郭德纲在相声舞台上说的台词一样——都是真的。

而我们要做的，跟捧哏的于谦一样：哪儿都是真的呀!

《桃花扇》哪里是真实的？

切肤之痛是最真实的，对南明灭亡的反思是最真实的。

晚明，北京沦陷，天下大乱，大敌入侵。国破之际，南京却呈现远超往日的繁华，侯方域与李香君的故事就刚好发生在这个节骨眼儿上。此时的南明朝廷并没有励精图治，相反延续了明朝官场你死我活的钩心斗角，内斗的同时又沉迷于骄奢淫逸，这样的朝廷不亡才叫没有天理。

所以，孔尚任说——

> 《桃花扇》一剧，皆南朝新事，父老犹有存者。场上歌舞，局外指点，知三百年基业，隳于何人？败于何事？消于何年？歇于何地？不独令观者感慨涕零，亦可惩创人心，为末世之一救矣。
>
> ——《桃花扇·小引》

故老尚在，《桃花扇》的演出勾起了他们残存的记忆——写得太真实了，当时的朝廷、南京可不就是这样嘛！然而，此李香君却非彼李香君也！《桃花扇》只是一种逻辑的真实，并不是历史的真实。我们至今都不知道李香君的下落，不清楚这位高傲的奇女子以什么方式结束了自己的人生。

后人对桃花扇的演绎并没有就此结束。

1946 年 12 月，欧阳予倩改编的话剧《桃花扇》上演，这幕话剧的结尾改为侯方域在栖霞山道庵再访李香君，李香君见其已改着清装，认为其已失大节，愤撕桃花扇。此情节为后来的电影铺垫了新的民族主义内涵。

回头我们再看侯方域的《李姬传》，侯方域口中的李姬洞明人情世事，她有胆识、有见识、有气节，尤其理解文人的内心深处。但今天我们心目中的李香君形象并不仅仅是《李姬传》或孔尚任塑造的，还包括很多很多的人，包括今天的你和我。我们这样塑造，是因为我们心中存在某种想往。

关于李香君，历史上也有画作流传，例如清代崔鹤所做的这件《李香君肖像》。看到这件作品，我们第一印象是文人在旁边写满了题跋，这就是心中想往与社会公众共同塑造的最好证据。

让我们看画面。

柳树、桃花为背景，李香君倚窗而立。小杯或茶或酒，仅仅一只，可见形单影只，加上镜子，就是顾影自怜的孤单。有书籍翻开，水盂在侧，可见每日以文墨为伴。点睛之笔，自然是手中的团扇。想必崔鹤认为，既是定情之物，此扇就不应是空白，而必然有画作在其上。结合室外的桃花，我们更会洞穿此刻画作中李香君的内心世界。望着已经盛开的花朵，李香君多么希望自己的情感也能够开花结果呀！但按照剧情发展，下一步并不是美好的开花结果，而是血溅桃花扇。我们似乎看到了随后发生的画面，听到那猛烈的撞击……

清代崔鹤的《李香君肖像》还有一个有趣的部分，那就是著名文学家林语堂在画作下面写的一段跋文，释文如下：

香君一个娘子，血染桃花扇子。气义照耀千古，羞杀须眉男子。香君一个娘子，性格是个蛮子。悬在斋中壁上，教我知所观止。如今天下男子，谁复是个蛮子。大家朝秦暮楚，成个什么样子。当今这个天下，都是骗子贩子。我思古代美人，不致出甚乱子。

民国廿三年五月，托友由杨季眉处购得是像，悬之有不为斋。全室珠光宝气，不复有童骏气，终日痴昏。吾求此画甚久，今得之，一生第一快事也。林语堂。

很多人以为这一题跋不雅，不过细读，感受最深的，恐怕还是林先生在现实当中的切肤之痛。借古讽今，他心中的酸涩可能和今天的人们没有多大不同吧！

“秦淮八艳”，艳吗？当然，但绝不止此。“艳”是西方绘画的卖点，但中国不是。《红楼梦》里对金陵十二钗有一个榜，叫“警幻情榜”；金庸武侠小说里的核心主题，叫“问世间情为何物，直教人生死相许”。出性入情，中国人心中的维纳斯与她播撒的精神境界代表了中国人的价值取向。都说中国文化源远流长，不曾中断，其中隐含的一个原因是，我们一直在追寻高于世俗的真善美，而这种追寻，也得到了每一代人的理解与回应。

第二张画·《幽居图》

什么是中国式好房子

房子是用来住的——

在今天的社会背景下，人们开始思考住房的功能。我们应该住什么样的房子，什么样的房子才是好房子呢？这一点，古人早已经想明白了。

我们展开古人的画卷，关于房子，大体可分为几种类型：仙境、准仙境（佛道居所）、帝王宫殿及相关建筑、高士居所及普通民居。在这几种类型中，仙境为居住的终极幻想乐园。

出于对仙境的憧憬、想象与模拟，这些乐园般的房子，或依山傍水、或依林而居、或云雾缭绕，一派自然生气的景致。由此，我们想到了古人“天人合一”的古老哲学思想。

我们看元代钱选的《幽居图》，湖光山色、云雾缭绕、小艇穿梭、飞桥卧波，茅屋、亭阁与山石树木相互掩映，一切仿佛天造地设，本就一体，和谐共生，真是令人心神往之。

“天人合一”是怎么来的呢？让我们从美好的意境中跳脱出来，把这个概念剖解，探究背后的密码。

人，来自大自然，是大自然的一分子，对回归大自然带着先天的

愉悦感，此愉悦感近乎本能，这是“天人合一”的自然基础。不过，古人提出“天人合一”，实际上还是源于较低的生产力水平，在此基础上尽可能利用人的聪明才智，将自然界中一切可以利用的资源充分调动，达到为人服务的目的。

比如说，中国房子的起源可以上溯至有巢氏——这位先贤的贡献是教授人们如何把房子建在树上。有巢氏之所以把房子建在树上，就是周围环境使然。如果今天的人被放到同样的环境中，为了能够在野外生存下来，恐怕人们也会变成“有巢氏”。

人类离开了森林环境，我们的先人又利用土地的保温性能创造了半地穴式的房子。随着生产实践带来的技术进步，房子走上地面，各种结构也丰富了起来。

说到因地制宜、利用自然，中国一个著名的例子，就是陕北地区的窑洞，它们的存在正是就近利用了黄土高原特殊的地理环境。天人合一，对于房子形态的历史演变来说，就是人以最便利的方式与自然条件、自然环境去“合”。

当然，人类不是被动地“合”，而是不断尝试新的挑战。在唐明

▼《幽居图》 元代 钱选
26.5cm×111.6cm 故宫博物院藏

皇时代，官府查抄大贪官王铁的家，这些见多识广的官府办案人员惊讶地发现，王铁家中有一座奇异的“自雨亭”——“从檐上飞流四注，当夏处之，凛若高秋”。也就是说，王铁大官人将水引至亭子的顶部，天热时，水由亭顶徐徐降落如雨，人在亭内可享受降温之效，即使盛夏也能获得秋天般的凉爽。这是一个典型的天人合一的案例。

同样，从技术层面来看《幽居图》，我们也能看到画中的水起到了气候调节的功能，山起到了挡风的功能，树木起到了阳光调节的功能，包括更多的细节，它们都是主人依托自然环境改善了生活的舒适度。

生理舒适度的问题，本质上是我们通过技术进步来解决的。从原

◀《大明宫图》局部 元代 王振鹏
美国大都会艺术博物馆藏

始树屋到半地穴式房子，再到全地面式，再到拔地而起的大厦，这是技术进步。而在那个时代叹为观止的奢侈享受，今天的普通人已可以很轻易地实现了——我们有了空调，也有了加湿器。

可见，天人合一的房子首先依赖于技术，它的未来也依托于更高水平科技的推动。未来智能家居、材料科学、生物科学的进步，都是提升房屋居住条件的根本，无论是中式房屋还是西式房屋，在此并无区别，包括让人类回归大自然的怀抱的初衷。以今天的人类数量，全部住在依山傍水、藏风聚气的优越自然环境中是完全不可能的，但类似的感受却一定可以实现。

问题并不就此终结，中国古人天人合一的好房子除了上面物质层面的意义而外，还包括另外一个层面的东西，那就是精神。

精神上的寄情，才是中国式好房子的精髓所在。

此话怎讲？

我们来看另一位来自元代的顶尖绘画高手，被称作“界画第一人”——王振鹏的杰作《大明宫图》（界画，即以界尺引线绘画，用于表现以建筑等为主的绘画题材）。

这张《大明宫图》是王振鹏献给皇帝的，表现的是他想象中的唐代大明宫的情景。

我们截取一个局部——

画中那个水流奔涌的喷泉难道是一座自雨亭？是的。很难说王振鹏不是从王鉷大官人那里得到了灵感。这种样式的喷泉是不是令你想到了圆明园中的“水法”？

很多人对圆明园中的西式建筑印象深刻，因此也想当然地以为圆明园是一处西洋风格的园林，这当然是一种误读。这座万园之园的可贵之处，我们可以重新读一读法国作家雨果那封著名的致巴雷特大尉的信，细心体会一下雨果是怎么描述的——

▲《大明宫图》局部　元代　王振鹏
美国大都会艺术博物馆藏

在地球上的一个角落里，有一个神奇的世界，这个世界就叫做夏宫（即圆明园——作者注）。奠定艺术的基础的是这样两种因素，即产生出欧洲艺术的理性与产生出东方艺术的想象。在以想象为主的艺术里,夏宫就相当于以理性为主的艺术中的帕特农神殿。凡是人民——几乎是神奇的人民的想象所能创造出来的一切，都在夏宫身上得到体现。帕特农神殿是世上极为罕有的、独一无二的创造物，然而夏宫却是根据想象拓制出来的一个硕大的模型，而且也只有根据想象才能拓制出这样的模型。您只管去想象那是一座令人神往的，如同月宫的城堡一样的建筑。夏宫就是这样的一座建筑。您尽可以用云石、玉石、青铜和陶瓷来创造您的想象；您尽可以用云松来作它的建筑材料；您尽可以在想象中拿最最珍贵的宝物，用华丽无比的名绸来装饰它；您可以借想象把它化为一座宫殿，一间闺房，一个城堡；您尽管去想象那里住的全是神仙，遍地都是宝；您尽管去想象这座建筑全是用油漆漆过的，上了珐琅的，镀金的，而且还是精雕镂刻出来的；您尽可以在想象中指令那些具有跟诗人一般想象能力的建筑师，把《一千零一夜》中的一千零一个梦表现出来；您也尽可以去想象四周全是花园，到处都有喷水的水池，天鹅，朱鹭和孔雀。总之一句话——您尽可以凭人类所具有的无限丰富和无可比拟的想象力，把它想象为是一座庙堂，一座宫殿——这样，这个神奇的世界就会展现在您的眼前了。为了创造它，需要整整两代人成年累月地进行劳动。这座庞大得跟一座城池一样的建筑物，是经过好几个世纪才建筑起来的。

……

雨果作为有西方文化背景，且与我们有时间距离的作家，通过《悲惨世界》理解他的伟大是有困难的，但是当他谈到中国圆明园的时候，我们立即体会到了他的感触。

▶《仙山楼阁图》宋代 佚名
26cm×27cm 辽宁省博物馆藏

雨果明确无误地告诉我们，圆明园是人类文明中的瑰宝——与西方最伟大建筑体系并肩而立的东方园林的典范，体现着东方园林独有的“住满神仙”的“想象”（设计思想）。而雨果并没有到过中国，他怎么能够如此透彻地理解到中国园林的精髓呢？

因为当时的雨果并不是一个人，在此之前，欧洲就已经沉浸在对中国文化的狂热与崇拜中，并且在认真地研究中国。

欧洲的近代史开始于 15 世纪（中国正处于明代），而中国的近代史则发端于 1840 年第一次鸦片战争。这段奇异的历史时空落差，孕育了人类历史发展中极为特殊的一幕。欧洲就在这个时候完成了由弱到强的崛起。

那个时代，走过中世纪黑暗的欧洲刚刚被文艺复兴的曙光照亮，可是他们却遇到了另一个要命的大麻烦——奥斯曼土耳其帝国雄踞地中海，扼住了欧洲经济的生命线，欧洲被逼得走投无路，只好另谋他途。

让欧洲人庆幸的是，此刻他们手中刚好拥有了源自中国的利器：指南针、火药和印刷术。

于是，准备好罗盘、枪炮，欧洲出发了——西方世界的大航海时代来临，一个全新的世界打开了大门。

大航海的结果，是海量的财富、资源滚滚流入欧洲。设想一下，如果今天我们发现距离我们不远处就有另一个地球，且拥有远超我们这个地球的财富、资源，而我们可以很顺利地抵达那里，把那里的福利轻易据为己有，那么我们的生活会发生怎样的变化？

这样的变化，就发生在近代的欧洲——西班牙、葡萄牙、荷兰、英国等欧洲国家由此崛起，而财富的角逐过程刺激了科技与生产，再借助于印刷术的推广，欧洲文明跑到了全世界的前面。

由贫穷陡然而富的欧洲人会做什么呢？

答案是，到中国爆买奢侈品（很熟悉的画风）。

不仅是产自中国的瓷器、丝绸、茶叶等物产，中国的文化也引发欧洲的追捧。欧洲人也开始造园，宫廷有皇家园林，贵族有庄园园林，普通人也要有一座花园。此前，欧洲传统的园林以整齐的几何形状为主，而此时，他们被中国完全不同的造园理念所吸引。中国人充满自然感觉的园林为欧洲带来了清新之风。

当时的信息并不像今天这样畅通，欧洲人通过到过中国的商人、传教士，从他们口中了解中国的园林特点，用出口欧洲的中国外销瓷

器等商品上的图画推敲中国园林的真实样貌。他们依据这些信息，勾画着新风格的中国式园林。这种新风格的中国式园林风靡一时。

与此同时，来往全世界的船只，也将来自各大洲的物种源源不断地带入欧洲。新奇物种的冲击不仅推动了自然科学的进步，欧洲还出现了专门的植物采集人，今天译为“植物猎手”。植物猎手将大量原产中国的植物带往欧洲，赚取财富。对此，今天我们植物业界的说法是，我们的物种被西方白白采集了二百年。

▲《岳阳楼图》元代 夏永
25.2cm×25.8cm 故宫博物院藏

英国的威尔逊是一位著名的植物猎手，他将一千五百多种原产中国的园艺植物引入欧洲各地栽培。后来，他写了一本书，翻译过来的名称是《中国——园林之母》。作为植物猎手，威尔逊的视角肯定是从中国物种对世界园林贡献的角度来讲“园林之母”的，但中国园林对西方的影响并不止于此。只可惜中国园林有一套很深的文化系统，西方只能浅尝辄止。如同今天西方设计也会引入中国文化元素，但无论这种元素如何风行一时，也都只是其母文化系统中的一滴水而已。

打动欧洲的“住满神仙”“想象”般的中国园林，我们也能从王振鹏的《大明宫图》中窥其雄伟——

水从天上来，然后呢——“钩心斗角……长桥卧波……复道行空……”好像杜牧描写的阿房宫，洋溢着古人在建筑上对仙境的憧憬。仙境，每个人都想生活在这样的环境中，我们的祖先也一样。千万不要小看这种看起来似乎再“正常”不过的想法，这已经是人文精神的苏醒了。

还是再让我们对比一下欧洲。

对欧洲来说，建筑的地位极其重要，相当于艺术之母，这与中国古代的艺术结构大不相同。

在现代文明产生以前，欧洲是宗教的世界，其最好的建筑物就是教堂。教堂聚集了最大量的财富、最高水平的技术与最好的艺术，引领着整个欧洲艺术的风貌。文艺复兴时期的艺术也好，哥特式艺术也好，巴洛克式艺术也好，都由教堂发端。把最好的东西献给神、最大限度地接近神，以神所给予的秩序与方式来为神建筑，以最逼真的方式表现神的意志，这就是欧洲传统。达·芬奇服务于教堂，米开朗基罗服务教堂，乃至欧洲人所使用的家具，其结构与审美同样来自教堂。今天拔地而起、指向苍穹的现代摩天大楼，其实是西方传统的现代延续。西方古老的建造通天塔的传说，道理同上。

明白了这一点，也就明白了当年梁思成与林徽因求学瞄准建筑的原因，其实就是瞄准了西方文化金字塔的塔尖。回国之后，他们在中国展开了广泛的调查，目的就是要把中国古老的建筑发掘出来，融入世界建筑的体系当中。

为什么要融入？

在我们的传统中，与其他艺术形式相比，建筑通常被视为匠人之事。在中国帝王将相、才子佳人的系统中，匠人的位置有点尴尬。中国传统是，形而上者谓之道，形而下者谓之器——仅仅停留在器的层面上，再好的东西也上不了文化的桌面。“样式雷”做得再好，也不过是工匠里的头目而已，比木匠高不到哪里去。这似乎是我们文化的一种缺陷，也是中国建筑曾经被淹没，而梁思成和林徽因发掘工作之所以伟大的原因。

及至今日，建筑设计仍然在西方有着很高的地位——历史决定现实，而且它仍然包含着最顶尖技术和最顶尖艺术两重属性。今天，各种惊世骇俗的西方建筑设计登陆中国城市，引发民众的不解与争议，其原因首先在于，西方设计理念与我们的传统习惯产生了碰撞，而另一个原因则是，他们把建筑设计作为艺术来体现、表达，而不仅仅是建筑科学。艺术不会科学般循规蹈矩，有个性，就会有争议。

西方建筑对中国当代文化产生了非常大的冲击。改革开放后相当长的一段时间内，各地房地产开发所推出的小区，多用英文译名，意在标榜西式生活。然而有趣的是，无论是开发商还是房产购买者，在这个过程中渐渐完成了反转。人们发现，所谓西式生活的小区，其实质是当代社会以工业化方式提供快速居住解决方案，与想象中的高大上南辕北辙。其冷冰冰的氛围，更强化了现代社会人与人之间的隔膜。西方当代建筑设计师也很头疼这个问题，有些设计师也开始另一种尝试，就是在建筑格局中开辟人与人可以交往相处的所谓“公共空间”，增加人文色彩。这时，我们反过来看，传统的中式建筑与中式生活已经走到前面——今天的设计师在思考建筑本质意义的时候，开始触摸到中式建筑的灵魂。

中国匠人是中国建筑工程的实施者，他们也是中国建筑文化的最末环节，其背后是恢宏博大的中国文化体系。中国建筑的高贵并不在于外在样式的奢靡，而是这样一种建筑从来都是属于精神层面的，这才是中国式好房子的精髓。

我们过去谈到房子，会有陶渊明式的“结庐在人境”，也有刘禹锡式的“南阳诸葛庐、西蜀子云亭”，这些房子都不是物质意义上的，而是建筑在精神层面的。

刘禹锡在《陋室铭》中，留下了破译中国古文化观密码的钥匙。他开宗明义——“山不在高，有仙则名，水不在深，有龙则灵，斯是陋室，惟吾德馨”。这段话告诉我们，中国古代的山与水属于神灵，没有神灵则索然无味（这一点非常重要，本书对此将反复提及），而房子的意义在于居住者的“德”，这是中国式房子的大关键处。

我们今天的一大问题，就是一谈物质，就以为具体；一谈精神，就以为虚妄。实际上在中国古人眼中，物质与精神本来就是一体的，精神从来都很具体！2019 年 5 月，建筑界开始探讨一个话题，那就是韩国号称用 400 亿美元打造的世界第一智慧城市变成了一座“鬼城”。大家分析发现，其中第一个原因是生活成本太高，另一个原因则是这座城市设计时过于重视技术，而忽视了人的精神性需求，成为“毫无灵魂的监狱”。让我们看看中国古人是怎样找到“灵魂”的。

首先，从周代开始，中国明确了君臣、人伦关系，依照这种秩序来构建社会。一所房子也好，一个住处也好，一个村落也好，一座城市也好，都要遵循这种井然的秩序。只不过这种秩序有时候清晰可见，有时候则被神秘化了，比如风水之类。

▶《陶渊明诗意图册·悠然见南山》清代 石涛
每开 27cm×21.3cm 故宫博物院藏

其次，我们和西方人相似的一点，就是认可上天存在某种秩序，只不过我们用这种秩序服务于人。比如说，传说中认为海上有蓬莱三岛，于是我们的建筑中就会模仿这种神仙的居住环境，仿佛人就生活在仙境中一样。最著名的例子是宋徽宗，他向往道家的仙境，就广征太湖石，搭建他心目中的“艮岳”。

对房子来说，“*形而上者谓之道*”，但“形而下者”便成了“德”。努力学习“道”，总结规律秩序，将“道”用于生活，便为“德”，这样的意识纵横千年，为房子注入了丰富的精神内容。

今天面对一个楼盘，我们判断居住环境的问题，衡量的标准之一叫“绿化率”，用百分之多少来表示，数字非常直观。这一指标的存在像一把有形的尺子，方便进行管理、比较、衡量，也体现了中国人居环境的巨大改善。2019 年初，印度媒体报道了美国国家航空航天局（NASA）发布的一份最新研究报告，引发中国公众广泛兴趣。这份报告依据卫星数据及相关分析认为，印度和中国在陆地绿化方面已处于领先地位。其中，中国占全球绿化面积净增长的 25%。这一数据让我们充分看到了多年来中国坚持绿化的结果，也显示了“绿水青山”政策带给我们的惊喜。

但绿化率毕竟仅仅是一个简单的指标。绿化本身也有着超越物质属性的意义。一个城市的绿化，实际上代表着这一城市的精神，是城市精神设计的一部分；一个小区的绿化，也不仅仅是空气、隔音等物理属性，更是市民精神与生活状态的设计。换句话说，当我们完成了阶段性的人居改善之后，就到了追求精神层面的新阶段。

中国的传统是借物抒情、托物言志，一件东西再小，它种下去也是有意义的。一丛兰花、几杆竹子，种出的是人的志向；海棠、柳树、桑树，种下去就是人的情怀。哪怕是一片菜畦，也是人生的感悟。而所有这一切，并不是某一个种植者自己的呓语，而是整个社会

共同的文化语言，你种了，你的朋友看见了就会看懂，会尊重你，给你写诗，与你引为知己。

中国画画花鸟，从来不是简单的花鸟，这一点不能以西方的素描度之。西方画静物素描，苹果就是苹果，看到的是形体与光线，而好的中国画，落笔就带着主观精神，带着思想，它甚至原本就是为有思想的知己而画。

今天我们参观某西方名人故居，能看到的就是一个牌子，上面是人名、生平简介，街道号码等信息，而在中国则多为“某某堂”“某某斋”“某某园”。《红楼梦》中写大观园初建成，贾政领着一大群文人，叫上儿子贾宝玉，给院子里的各处居所景观命名，“曲径通幽”“潇湘馆”“稻香村”……偌大的院子，起了一个遍，除名堂号外，还要有匹配的对联，可谓处处有意境，景景见精神。

精神层面的房子，房子可以简陋，房屋的主人可以因简陋而自标、自豪。陋室又如何？陋室里住的都是高士！这在今天的社会，几乎是不可想象的。

从孔子那时开始，孔门弟子颜回就“一箪食，一瓢饮，居陋巷而不改其乐”。

颜回体现了儒家修身文化，而这种文化也一直体现在房子里面。

我们看文徵明的《丛桂斋图》。

从名字上，就可以看出，房子是建在桂树丛当中的。看图，果然只见山石、树木掩映，后有栏杆。栏杆之外是什么呢？是水，是崖？画家留下了悬念。方家以为此处高妙，算得上此处无声胜有声的佳例。而房子本身，通透简洁，茅草铺顶，毫无奢华富贵之气，取清雅宜人的境界，有着典型的明式味道。今天，明式文化大行其道，恰恰是因为它的简约气象。所谓返璞归真，才是审美的真正苏醒。

资料显示，此图是文徵明画给“子充”的。其时，文徵明已至晚年，从官场的倾轧中摆脱出来，寄情于书画与吴门朋友圈。在《丛桂斋图》卷后，有“青词宰相”之称的明代状元顾鼎臣题诗一首，颇为点睛：

郑郎斋閤无尘韵，
仙桂娟娟绕礀生。
四壁图书花气重，
九秋烟月梦魂清。
……

一处简简单单的房子，却意蕴丛生，这就是精神与文化的力量。

有了精神的视角，反过来再看钱选的《幽居图》，那么这《幽居图》中的“幽居”有这样的精神意味吗？

在此不敢妄揣古人，只想提一下钱选的身世。此人乃吴兴（今浙江湖州）人，与当地一些出色的诗人、学者合称“吴兴八俊”，其中包括元初画坛领袖赵孟頫，但当中唯钱选一人拒绝出仕，并隐居于山水之间。以此际遇品味《幽居图》，相信必有所获。

◀《丛桂斋图》 明代 文徵明
31.6cm×56.2cm 美国大都会艺术博物馆藏

《幽居图》局部

第三张画·《葛稚川移居图》

古人的神仙世界

谈及古人的精神世界，非设身处地、感同身受，不能真实体验。

古人精神世界与今人大为不同的原因，在于世界观。

由于现代科技与教育的原因，我们已经构建起了一个形象、科学的世界观。我们的头脑中，有宇宙的影像，有地球旋转的影像，有原子的影像……即便有不甚了解的事情，拿起手机来就能立刻浏览全世界。

而这一切，古人都没有。

古人的世界构建在古老的传说上，进而生发为某种学说，然后每个人又在学说里加入自己的想象与理解，不断添枝加叶，最后将这些无法证实的东西与现实混为一谈。

我们来看看这张王蒙的《葛稚川移居图》。

葛稚川即晋人葛洪，这件作品是描写他移居罗浮山炼丹的情景。

葛洪为什么要去罗浮山炼丹呢？

这需要稍加叙述——

葛洪生于乱世。由于战事频仍，葛洪在军中长期供职，屡立战功，声名赫赫。不过，葛洪志不在此，他有更高的人生理想。其时，道教盛行，葛洪因家学渊源对道家理论极为着迷。他听说交趾产丹砂，便向皇帝争取了一个靠近交趾的官职，南下就任。途经广州时，刺史邓岳向他讲了罗浮山神仙洞府的事，并表示愿意供应丹砂。葛洪当机立断，官职不要了，直接上山修仙炼丹、著书立说。《葛稚川移居图》所表现的就是葛洪上山的故事。

葛洪在中国传统文化中的地位非常高，他的成就体现在宗教、化学、医学、药学乃至文学等诸多方面。他挑战的是今天我们还在挑战的生命科学。在人类还处于科学童年的时代，葛洪达到的，已经是那个年代能够企及的最高科技水平。

在当时乃至以后的漫长岁月中，人们都相信通过丹炉能够加快物质的演化过程，到了极限就会出现某种终极物质，这种物质可能是性

◀《葛稚川移居图》 元代 王蒙
139.5cm × 58cm 故宫博物院藏

质最为稳定的黄金，也可能是能使人生命稳定下来的，传说中让人长生不老的丹药。事实上，丹炉里确实产生了很多改变历史的物质，如中国四大发明之一的火药。

葛洪给人留下的印象，是常常骑着一只白鹿云游各地，行医治病，

◀《仙人白鹿图》局部 清代 华喦 藏地不详

人称“葛仙人”。在后人的眼中，葛洪几乎就是神一般的存在，他与白鹿的形象也成为中国文化中一个美好母题。在他自己写的《抱朴子·玉策篇》中说，“鹿寿千岁，与仙为伴”。李白诗句，“且放白鹿青崖间”，也是要表达心中憧憬的神仙般的日子。

那为什么是白鹿？

南朝梁任昉《述异记》有：“鹿千年为苍鹿，又五百年为白鹿，又五百年化为玄鹿。汉成帝时，中山人得玄鹿，烹而视其骨，皆黑色。”

《太平广记》沿用上述说法，并引：“玄鹿为脯，食之，寿二千岁。”

我们分析以上说法可知，大约生长了两千年的玄鹿是鹿生命的最后阶段，相当于果实的成熟时刻，可以用来吃，而白鹿则处于成长中的黄金阶段，因此最适合做伙伴。

在葛洪《神仙传》卷四里还有一个叫作《卫叔卿》的故事——

卫叔卿者，中山人也。服云母得仙，汉元封八月壬辰，孝武皇帝闲居殿上，忽有一人乘云车，驾白鹿，从天而下。来集殿前，其人年可三十许，色如童子，羽衣星冠，帝乃惊问，曰：“为谁？”答曰：“吾中山卫叔卿也。”帝曰：“子若是中山人，乃朕臣也，可前共语。”叔卿本意谒帝，谓帝好道，见之必加优礼，而帝今云是朕臣也。于是大失望，默然不应，忽焉不知所在。

卫叔卿乘着白鹿驾的车，以圣诞老人般的方式出现，却遭遇汉武帝的怠慢，于是怒而隐去。这个故事起码说明，在葛洪看来，神仙的位置远远高于俗世中的皇帝。

当代人的古文阅读经验中，葛洪算不上关注的重点，但古人们不同，葛洪与葛洪思想的一脉相承者所描述的神仙世界，是中国古人集体意识中很重要的一部分，构成了中国古人心灵中挥之不去的影像。

葛洪对于成仙之事笃信不疑，研究颇有心得。他在《抱朴子·内篇》

中将仙分为天仙、地仙、尸解仙三种：

上士举形升虚，谓之天仙。
中士游于名山，谓之地仙。
下士先死后蜕，谓之尸解仙。

从这样的描述中我们可以大致理解，古代文人雅士游于名山大川之间的心情。他们一定把自己的行为看作神仙般的举动，因而乐此不疲，用各种方式包括绘画来描绘、赞颂，沉醉其间。这一点对于理解中国绘画非常重要。

问题是，历朝历代的他们，真的相信自己能够到达仙境吗？

答案是肯定的，古人相信成仙之路是必然存在的，不然秦始皇怎么会派遣徐福东去寻找海上仙山？汉武帝又怎么会执迷地寻求长生之道呢？在中国秦汉之际，中原人心中的仙界认识是，向东为大海，海

◀《游仙图》局部　明代　沈希远
美国大都会艺术博物馆藏

上有仙山，居住着神仙，即所谓蓬莱仙境；西边是高高的昆仑，这里居住着执掌寿命的超级大神：西王母。

西王母是秦汉之际最火的大神，她掌管着人的寿命，就居住在昆仑丘的玉山之上。那里什么样？

葛洪在《神仙传》中这样写：

昆仑圃阆风苑，有玉楼十二，玄室九层，右瑶池，左翠水，环以弱水九重。洪涛万丈，非飙车羽轮不可到，王母所居也。

也就是说，西王母在昆仑住的地方叫阆风苑。

有点眼熟？对，阆风苑又称之为阆苑——"一个是阆苑仙葩"的阆苑，就是那里有十二座楼……想到了《红楼梦》？神仙世界是中国古代小说共同的母题，即使是《红楼梦》这样距离我们已经很近的现实主义题材的作品，也有神仙故事的底色。神仙世界似乎就在身边，但又遥不可及。西王母的阆苑，在古人那里可谓张嘴就来，但要到达那里是十分困难的事，因为那里没有路：右瑶池，左翠水。像个水世界？不错，而且在瑶池和翠水的外面，还环绕着弱水九重。

弱水是什么？

就是浮力极弱的水，弱到了极限：零。

我们所知道的水都有浮力，但弱水没有。哪怕轻如小草籽，入水即沉。这种水在瑶池、翠水外面有九重，而且洪涛万丈。

要突破这样的水世界阻隔，没有特别的交通工具是无法完成的。葛洪认为，只有两种交通工具可用：一为飈车，即以风为动力的车；一为羽轮，即鸟来驱动的车，两者皆为空气动力学的范畴。困难如此，但中国古人还是科幻般地想象、记录了一些成功挑战不可能的例子。

东晋王嘉在《拾遗记》中有这样一段描写——

▶《东方朔偷桃》清代 佚名
美国大都会艺术博物馆藏

尧登位三十年，有巨槎浮于西海，槎上有光，夜明昼灭，海人望其光，乍大乍小，若星月之出入矣。槎常浮绕四海，十二年一周天，周而复始，名日贯月槎，亦谓挂星槎。

王嘉描述了一种类似今天太空飞船的东西，叫作“槎”。这种东西在西晋张华的《博物志》中就出现了——

旧说天河与海通。近世有人居海渚者，每年八月有浮槎去来，不失期，人有奇志，立飞阁于槎上，多赍粮、乘槎而去。十余日中犹观星月日辰，自后茫茫忽忽亦不觉尽夜。去十余月，奄至一处，有城郭状，屋舍甚严。遥望宫中有织妇，见一丈夫牵牛渚次饮之。牵牛人乃惊问曰：“何由至此？”此人为说来意，并问此是何处，答云：“君还至蜀都，访严君平，则知之。”竟不上岸，因还如期。后至蜀，问君平，君平曰：“某年某月，有客星犯牵牛宿。”计年月，正此人到天河时也。

按照张华的说法，有人带了足够的给养乘飞船见到了牛郎织女。这个事被位于蜀地的地面观察站给监测到了，予以证实。

这个时候，无论是王嘉还是张华，提到的乘槎之人还无名无姓，直到南北朝时期，宗懔写了《荆楚岁时记》，故事的主角正式变成了张骞——

武帝使张骞使大夏，寻河源乘槎经月而至一处，见城廓如州府，室内有一女织，又见一丈夫牵牛饮河。骞问曰：“此是何处？”答曰：“可问严君平。”乃与一支机石而归。至蜀，问严君平，君平曰：“某年月，客星犯牛女。”支机石为东方朔所识。

按照宗懔的说法，张骞本来乘槎寻找黄河的河源，结果没想到黄河是从仙界流下来的，张骞得以直上九天，见到了牛郎织女，还拿到了一块织女的支机石。这件事情不仅被蜀地的地面观察站观测到了，而且张骞取得的支机石标本还被东方朔所证实——这好像也没什么奇怪的，因为东方大人在天上偷过桃嘛，算是熟门熟路。

东方朔偷桃这件事是《汉武故事》所载，后被《汉武帝内传》扩展并渲染。有说《汉武帝内传》作者为葛洪，有说为班固，但更多人认为这只是后人托名的伪作。

汉武帝以道家的方式求长生，所以，后世将很多道家故事附会在汉武帝身上，以至《汉武帝内传》中这位强势无比的皇帝为求仙术，不断向西王母及上元夫人磕头，把头都磕出了血。仅凭这样的情节，就能定义《汉武帝内传》为道家自我宣传的小说。其中汉武帝见西王母一节，也是借用了《汉武故事》的情节，只不过《汉武故事》中的情节与《汉武帝内传》相比，相对较简单——

有一次，东郡给汉武帝送来了一个矮人。汉武帝怀疑矮人是地精，就问东方朔。东方朔走过去和矮人打招呼，一副和他很熟的样子。矮人不理东方朔，反而回头跟汉武帝说：这小子好几次偷王母的桃吃，王母不高兴了，这才把他贬到人间。

武帝大惊：你们这是什么情况？

矮人说，我是西王母的信使，你只要清静修炼，五年以后，西王母就会来见你。

说罢，矮人就不见了。

西王母说到做到，后来真的来见汉武帝了。

人间皇帝见天上的西王母，那是怎样一种情景？

我们还是引用《汉武帝内传》里的描述吧——

一位青衣女子出现在汉武帝面前。她说，我从昆仑山来，你的所作所为西王母都看在眼里，她决定七月七日到你这里来看看。

听到这个确切的消息，汉武帝就在七月七日这天布置了一个惊人美丽的宫殿：焚上百合香，支起云锦的帐子，使用九色的灯光，摆上玉门的枣，斟满葡萄美酒……各种好吃的应有尽有。可如此精心布置的场面，比起西王母的登场，那实在是……太黯淡了。

西王母还没出现，天空中就响彻音乐之声。然后群仙数万出现了，他们有的骑龙虎，有的骑狮子，有的骑白虎，有的骑白麟，有的骑白鹤，有的乘天马，有的驾车……像鸟一样云集在殿前。

主角西王母这时才登场。

西王母乘的是紫云辇，给她拉车的是九色斑龙，旁边有五十位神仙护卫。等停在殿前，西王母在两个十六七岁的侍女搀扶下上殿。汉

《瑶池献寿图》 南宋 刘松年
台北故宫博物院藏

武帝一看，“神姿清发，真美人也”。

西王母在殿上坐好，朝东向坐。只见她——

著黄锦袷褐，文采鲜明，光仪淑穆，带灵飞大绶，腰佩分头之剑。头上大华结，戴太真晨婴之冠，履元琼凤文之鞋。

穿着这身衣服的西王母，看上去也就是三十岁左右的样子，不高也不矮，容颜绝世。

汉武帝见到西王母，赶忙跪拜在地，寒暄之后才站起来。西王母说，你也别站着了，坐吧。汉武帝便坐在南面，面向西王母。

下面的情节，就不是西王母吃汉武帝准备的东西了，而是西王母请汉武帝吃天上的珍馐美味，其中提到了桃。一盘七个，桃大如鸭子。

仙人乘槎盘 明代
美国大都会艺术博物馆藏

西王母吃了三个，给汉武帝四个。

汉武帝吃完（饭量可以），赶紧把桃核收了起来。

西王母问：你这是要干什么？

汉武帝说：种。

西王母说：此桃三千年一熟……

西王母离开后，汉武帝似乎没有受到这次友好访问的影响，很快翻了脸。他不仅不好好修仙，还杀了道士。于是，王母再次派使者送来三个桃，跟汉武帝说，咱们青山不改，绿水长流，就此别过。

然后呢？然后东方朔就死了。看来，仙桃是仙界给东方朔的暗号。

从以上文字可以看出，古人认为，汉武帝与仙界存在着一种特殊关系，当张骞出使西域的事迹传来，有着神仙情结的古人就笃定地认为，张骞之行是有内幕的，其真实目是一次通天的旅行——汉武帝试图与住在昆仑上的西王母进行某种联络，十有八九是求长生之类的秘事。那么，张骞此行如何与昆仑联络呢？那就是通过黄河与昆仑的水路连接，所使用的神秘交通工具就是：仙槎。

下面就轮到历代文人们不断吟咏了，像杜甫写“乘槎断消息，无处觅张骞”；朱元璋看见下雪了，就写“九曲黄河疑底冻，张骞无处再乘槎”；李白更是写“君不见黄河之水天上来”，然后天天盯着水和月亮看，期盼着某一天也能登上那辆神奇的飞船。

关于仙槎，我们来看一件明代仙人乘槎盘上的画面。

画面有丫形树枝，枝上挂有一个葫芦，鲜明的道教色彩体现无疑，同时也给“飞船”的动力、平衡等问题提供了解释，否则的话，你怎么能知道这个树枝是特别的、安全的，而坐在上面的人不是一个水灾中的逃难者呢？

通过这样一些故事我们可以遥想，古人仰头远望那片白云朵朵的天空时，必然知了那里有无数奇妙的身影穿梭往来，那种诗情画意与心中向往，怕是只有人类的初心才可以感受吧。

中国有“子不语怪力乱神”的传统，在官方语言系统中，神鬼的世界在一定程度上被刻意回避了。所以蒲松龄写《聊斋志异》会为读书人所不以为然，但是，古人的基本世界观并不因为回避而改变。神鬼的世界与中国古人始终相伴而行。

细究对中国神仙世界的贡献我们会发现，儒家有之，道家有之，佛家有之，民间有之，甚至每个人有之，是名副其实的集体创作，这个世界体系庞大，朦胧不清，但怎么看都有着某种内在秩序。

在古代书画中还流传着《搜山图》这样神一般的品类。这类画卷一展开，当代人会即刻惊叫，这不是“大王叫我来巡山”吗？但实际情况恰恰相反，它所反映的是二郎神降魔捉妖的情景：出来巡山的小妖要被捉了。

故宫博物院所藏《搜山图》卷是南宋末或元初人的手迹。图中描绘神兵神将们耀武扬威地搜索山林中各种魔怪。魔怪们均是野兽变的，有虎、熊、豕、猴、狐狸、山羊、獐、兔、蜥蜴、蛇及树精木魅等。这些妖怪，或是原形，或化为女子，在神将们追逐下仓惶逃命，或藏

▼《搜山图》 南宋 佚名
53.3cm×533cm 故宫博物院藏

匿山洞，或拒绝受擒。而那些神将则手持刀枪剑戟，纵鹰放犬，前堵后截，使妖怪无处逃身。《西游记》作者吴承恩还专门写过一首《二郎搜山图歌》:“名鹰搏挚犬腾啮，大剑长刀莹霜雪。猴老难延欲断魂，狐娘空洒娇啼血。”

所以，子虽然不语，古人心中的神奇世界就如此画一般，始终惊悚。

中国人鬼神世界如此丰富，除了集体创作外，本质上的原因，还是中国文化的包容性极强，甚至可以吸收各种异域文化，然后成为本土文化的一部分，发扬光大，它的“国际化”程度超出了很多人的想象，典型如佛教，可见的器物如名震世界的青铜器、青花瓷、景泰蓝、珐琅彩瓷器、云锦等，其源头均被学者认为来自异域。

由于不断兼容并蓄，不断累加，这套文化系统越来越复杂，信息量越来越大。以至到了清代以后，各种文化表达交相融合，进入了符号化

◀清乾隆斗彩加粉彩暗八仙缠枝莲纹天球瓶，香港佳士得2018年春拍

大行其道的阶段，被附着在各种器物上，形成所谓“画必有意，意必吉祥”的现象，一举塑造了清代审美标志性的繁复气质，也使中国吉祥文化达到了最高峰。

2018 年 5 月 30 日，中国香港佳士得拍卖了一件清代乾隆时期斗彩加粉彩暗八仙缠枝莲纹天球瓶，成交价约 1.3 亿港元。这样的天球瓶就是典型的中国文化融合的产物。

天球瓶，顾名思义，体现的是中国古人最经典的对天的理解——天圆地方。此为标准的本土文化。

天球瓶上的纹饰非常繁复，其主纹饰为“暗八仙纹”，包括铁拐李的葫芦、张果老的渔鼓、汉钟离的葵扇、吕洞宾的宝剑、何仙姑的莲蓬、蓝采和的花篮、韩湘子的笛子和曹国舅的玉笏，这些都属于道教系统的祥瑞符号。

与“暗八仙纹”交相辉映的则是缠枝莲纹。莲的意象来自佛教，唐代以后盛行。

佛道搭配已经很有意思了，但这并不是全部，因为这种缠枝莲纹又不是传统意义上的荷花，它是荷花嫁接了番莲的造型，借鉴的又是伊斯兰纹饰。

三教结合的缠枝莲纹连绵不绝，成为中国人视之为体现生生不息意义的“万寿藤”。

其余纹饰，如如意云纹、如意瓔珞纹、双鱼、磬、蝙蝠等，更是中国人熟悉的吉祥纹样。道教文化、佛教文化、伊斯兰文化、中国官方文化与民间文化，共冶于一炉，水乳交融，不分彼此，可见中国文化拥有何等的包容度与融合精神。

必须再次强调，这些来源复杂的纹饰并不是简单的、仅仅是为了实现美观功能的装饰纹样，重要的是每个纹样背后，就有一个神奇的仙人世界，这是一幅中国人眼中的宇宙图景，代表了国人的心中向往。

《葛稚川移居图》局部

第四张画·《溪山行旅图》

为什么是山水

在中国书画门类当中，山水画后来居上，成为代表中国画最高水平与最高境界的门类，我们不禁要问，为什么是山水画？

这个问题的答案，我们在前面提到了其中一个，那就是它是古人仙人思想与情结的具体体现。仙人思想也是打开中国传统文化的一把很重要的钥匙。

只是，仙人思想并不是山水画兴起的唯一原因。

在中国现存最早的山水画《展子虔游春图》上，乾隆皇帝题有一首诗：

柳暗花明雪景霁，如茵陌上草萋萋，王孙底识春游倦，剩得宣和六字题。软勒平堤试骕骦，晴丝柳柳丝长，湖光山色天然句，不用奚童负锦囊。

此诗的诗眼乃是最后两句："湖光山色天然句，不用奚童负锦囊。"

这两句诗用了一个不算生僻的典故，就是"奚童锦囊"。史载，李贺写诗的方式，是"每旦日出，骑弱马，从小奚奴，背古锦囊，遇所得，书投囊中"。

乾隆皇帝这两句诗的意思，是说李贺写诗很辛苦，但是有了湖光山色这样的天然诗句，骑弱马、负锦囊的写诗方式就完全没有必要了。换言之，山水即是天然的诗歌。乾隆皇帝的这两句诗写到了最紧要的地方。

隋唐是中国山水画的成形时期，那么中国山水画的成形又标志着什么呢？笔者以为，它代表着中国式审美的成形，这一审美成形还有另一个更清晰的标志物：唐诗。

唐诗被公认为中国诗歌的顶峰，那么，为什么是唐诗？

回顾诗歌的历史我们可以看到，古老的《诗经》内容包括史诗、情诗以及表达某种情绪的抒情诗，到了《楚辞》就是边讲故事边抒情，而汉赋以及汉乐府差不多也是讲故事加抒情，但是其中已经有了一些咏物诗。在唐诗产生的前夜，细腻的宫体诗横行。古诗的花样到此已经玩儿得差不多了。

这时，出现了一位很特殊的人物，这个人叫谢灵运。

谢灵运是后世很多文人仰慕的对象，此人纵情山水间，发明了登山用的“谢公屐”，也发明了与过往诗人描述重点迥然不同的诗：山水诗。

谢灵运的命并不好，最终被以谋逆罪斩首。这还不是悲剧的终结。谢灵运天生拥有一副漂亮的胡子，死前，他把胡子捐给庙里，被做成了维摩诘佛的胡子。本以为可以借助佛的力量永生，可惜到了唐代，安乐公主为了赢得斗草的胜利，偷偷剪下了这尊维摩诘像一半的胡子。

▼《游春图》 隋代 展子虔
43cm×80.5cm 故宫博物院藏

到此还不罢手，她害怕别人效仿她，索性把佛像上残存的另一半胡子也毁了。

斗草有两种，一种“武斗”，就是两人各执一草的两端，互相来拔，谁断了谁输。安乐公主用谢灵运的胡子来从事此种武斗的画面不堪设想。我们暂且认为她参与的是“文斗”的方式。

斗草的文斗，花样很多，以安乐公主所为来看，她当时的斗法，很可能是谁手中的奇草更多或更特别，谁就能赢得胜利。

安乐公主将谢灵运的胡子当作一种特殊的草，意义不过是赢得一场游戏。而对于中国文化来说，谢灵运则打开了一片新的文化空间——中国文人的视角转向了山水，且在谢灵运的示范中学会了怎样用山水来表达自己的心灵。

与谢灵运同期，对中国诗歌产生影响的还有另一位重要人物：陶渊明。

与谢灵运不同的是，这位诗人不仅用诗歌开创了“采菊东篱下，悠然见南山”的田园诗，极大地影响了唐诗的表达方式与表达领域，同时也用主动隐居世外，以及他的名篇《桃花源记》，带给后来中国人一个冥想中的精神家园。

在谢、陶搭好台阶之后，就轮到唐诗登场了。

唐代，中国诗歌的写作真正进入了自由之境，呈现出前所未有的大爆发，包括大举进军山水。诗句、情怀与山水真正融为一体，信手拈来，天衣无缝。

细究唐诗这种爆发式的变化，有两个根本原因：

首先是诗歌的技术储备完成了，中国人对格律的研究及应用进入了成熟的阶段，技术的突破与普及奠定了唐诗兴盛的基础。

其次，隋代开始实行的科举制，到了唐代继续推动，以诗文取士，读书以及相关文化向更广泛的人群推广，写诗成为主流社会风尚，应酬之必备。

这有一点像今天的微信，手机的普及与互联网通信奠定了技术基础，而社交应用让它快速普及，无所不在。

在大唐全社会的诗歌热潮激荡中，人们仿佛是葛洪丹炉中的奇妙物质，高速演进，很快触摸到了中国文字更高层次的表达方式，那就是有意识地寄情自然风物，以景写心，追求中国文学的最高表达——意境。

在唐代，意境来了。

中国文化的审美至此成形，而将唐诗般的意境审美体现到美术上，就是中国山水画。

▶《山水册页》明代 唐寅
每开 32.4cm × 43.2cm 美国大都会艺术博物馆藏

我们不妨随便拎出几首最耳熟能详的唐诗看看——

《枫桥夜泊》

张继

月落乌啼霜满天，
江枫渔火对愁眠。
姑苏城外寒山寺，
夜半钟声到客船。

《绝　句》

杜甫

两个黄鹂鸣翠柳，
一行白鹭上青天。
窗含西岭千秋雪，
门泊东吴万里船。

《登鹳雀楼》

王之涣

白日依山尽，
黄河入海流。
欲穷千里目，
更上一层楼。

▶《唐诗意山水图册》明代 盛茂晔
每开 28.6 x 30.5 cm 美国大都会艺术博物馆藏

将这些诗落笔纸上，一定会成为一张张典型的中国山水画。这样的例子在唐诗中俯拾皆是，但举目唐以前，你看到的则不是这样的图景。

潯陽未必是天涯兩岸
風清蘆荻花誰是舟中
白司馬滿江明月聽琵琶
唐寅畫

▶《溪山行旅图》 北宋　范宽
206.3cm × 103.3cm　台北故宫博物院藏

也就是说，唐人这样审美，就这样写诗；这样写诗，就这样画画。这样的传统发展下去，形成中国画特有的诗意味道，到后来日趋完备，诗、书、画、印相映生辉。

宋代是山水画的黄金时期，这当然是隋唐、五代积累探索以后的自然结果，也是宋代文化继承唐代文化之后继续深化的结果，宋人很好地完成了唐文化深化与精致化的过程。

唐与宋的文化关系很奇妙，在笔者看来，唐文化就仿佛满山盛开的花朵，一眼望去，烟云一般，繁华而艳丽。而宋文化则像是这些花落去之后结出的果实，虽无花朵漫天之炫，但却精巧了不少，更有味道。

宋诗继承了唐诗，宋人也开辟了新的表达空间：宋词。

一般观点认为，宋代失去了唐代的雄浑，这一观点似是而非。如果我们看典型的唐建筑直至五代与宋的建筑，的确能从外形看到大唐雄风的退潮，可是在文字与书画的领域则并非如此。

众所周知，宋词分为豪放与婉约两派，“大江东去”的豪放比之盛唐并不逊色，只不过很多人也转向了婉约，或者说在豪放之外，宋人找到了更精致、更细腻的表达方式。比如说写出“怒发冲冠”的岳飞，也会写“知音少，弦断有谁听”，可以说岳飞也有脆弱的、需要自我表达的一面，而不能说岳飞身上没有雄浑豪放的气质。

绘画也是如此，宋代除了山水画之外，花鸟画也发展兴盛。至此，中国画人物、山水、花鸟的格局形成了。花鸟画的地位，就仿佛在唐诗之外出现了宋词，豪放之外出现了婉约，都是宋人对于文化艺术的继续发展，开枝散叶。

宋文化有意思也在这里。所谓宋词，以词而言，并非宋代原创，目前说法认为唐代已出现，五代已有很精彩的作品传世，但大成在宋，绘画亦然。山水画、花鸟画也是唐代便有，五代也有精彩表现，而宋时大成。

我们来看宋代山水的代表人物之一，范宽的名作《溪山行旅图》。

这张画很有意思，如果把这样的作品与唐代作品对比，相信不会有人得出宋人失去雄浑的结论，但是，有人认为这张画不典型，而且很长时间以来，人们对这样画的表达与画法迷惑不解。范宽使用了一种特殊的“雨点皴”，所画的山以及山上的土块碎石特征不见于其他绘画之中。

不仅如此，范宽还有画论存世，他说，画画这件事，“前人之法未尝不近取诸物，吾与其师于人者，未若师诸物也；吾与其师于物者，未若师诸心”。他的意思是说，我们今天都想学习名家的作品，那么，名家的作品又从哪里来呢？他们都是从自然写生中来的。所以，与其临摹他们的作品，不如直接到大自然中去。而当你面对大自然的时候，与其临摹它，还不如画出心中所想。

范宽所画的是他心中所想吗？

有聪明人猜测，心中所想是一定的，但他一定有所本——从逻辑上说，他一定是看到了什么，然后才悟到了新画法。也许在北方某地真的存在这种“雨点皴”般的土石结构的山，只是我们还没有找到。

这个问题在近几年有了新的线索，人们在开发陕西照金的时候，就意外发现了《溪山行旅图》的原型，并基本确定了画中所绘为当地独特的丹霞地貌。人们认为，范宽是在实地写生当中，用他的心发现了丹霞地貌独特的美感，然后绘制下来。

今天我们讨论南北画派山水绘画的差异，都会谈及其中有画家面对南北不同风格的自然山水所致的原因。面对照金丹霞地貌是一种感受，面对富春江就是另外一种感受了。

走进自然、了解自然、掌握自然，以自然完成自我的表现方式，这种写生也成为中国山水画创作不可或缺的基础。所谓读万卷书，行万里路，中国绘画亦然。范宽“师心”说的提出，标志着中国山水画在理论上已完全到位了。

有趣的是，由于有了对景写生的创作方式，衍生出另外一种出游方式，那就是手捧山水画，寻找画中景物，一边游历，一边赏画。最著名的就是乾隆皇帝，他在下江南的时候就带着一箱箱的山水画，到了景点，就忙着让侍从翻箱倒柜找出相应的山水画对景欣赏，然后品评一番，颇为自得。

可居、可观、可游，这是我们对中国山水画的总结。

但中国山水画并不是地图，不是旅游攻略，它最终所比较的也不是真山真水的摹写能力，而是于书画中表达的人生阅历与理解，是通过山水画的桥梁来体味历史与人性。中国的山水，永远首先是精神的山水，舍此，虽画山水，亦难称山水画。

《溪山行旅图》局部

第五张画·《秋风纨扇图》

病态是怎样一种美

翻开中国画的历史图卷，我们会看到这样一种作品，它们不是阳光向上，而是凄清寒冷；不是健康蓬勃，而是病态残缺。

对比古希腊、古罗马的艺术，似乎更追逐强壮健康，他们塑造的女性丰满而健硕。反观中国画家笔下的美女，大多弱不禁风，凄凉而哀婉。

于是有一种声音认为，中国文化到了顶尖，实际上是在追求一种病态文化，中国文化病得不轻。

在论证中国文化病态的清单上，被列举最多的名字，一个是西施，一个是林黛玉。

西施是著名的病西子，就连东施效颦这一成语也以西施的病态美作为正面对比。林黛玉的羸弱病态更是家喻户晓，不仅身体有病，就连性情都不同常人，喜使小性，写诗也是“留得残荷听雨声”这般残缺。

那么西施意味着什么？林黛玉又意味着什么呢？

最表层的意思，也是大家探讨较多的，在于女性的柔弱之美，或者说阴柔之美，确实是中国文化比较欣赏的部分。

但我们再下探一个层次会发现，西施也好，林黛玉也好，她们的故事并不是仅有柔美那么简单。

以西施来说，她所在的中国古代四大美女组合，本身就是一个不幸群体：西施和貂蝉，都是被当作间谍人员使用的，本身就是牺牲品；王昭君也是带着政治任务远嫁，虽然大汉朝廷的外交策略是成功的，但是作为一个女性，其个人的牺牲同样是巨大的；杨贵妃曾经历短暂的风光，但最终还是成为宫廷斗争的牺牲品，魂断马嵬坡。

红颜薄命——

这是中国人的理解，所以当画家面对女性这一主题时常常感到悲悯，生发出悲剧性的表达。《红楼梦》是一部诞生较晚的文学作品，但就它所表达的主题而言，在中国文化中早已存在，只不过用小说形

▼《挥扇仕女图》局部　唐代（传）周昉　故宫博物院藏

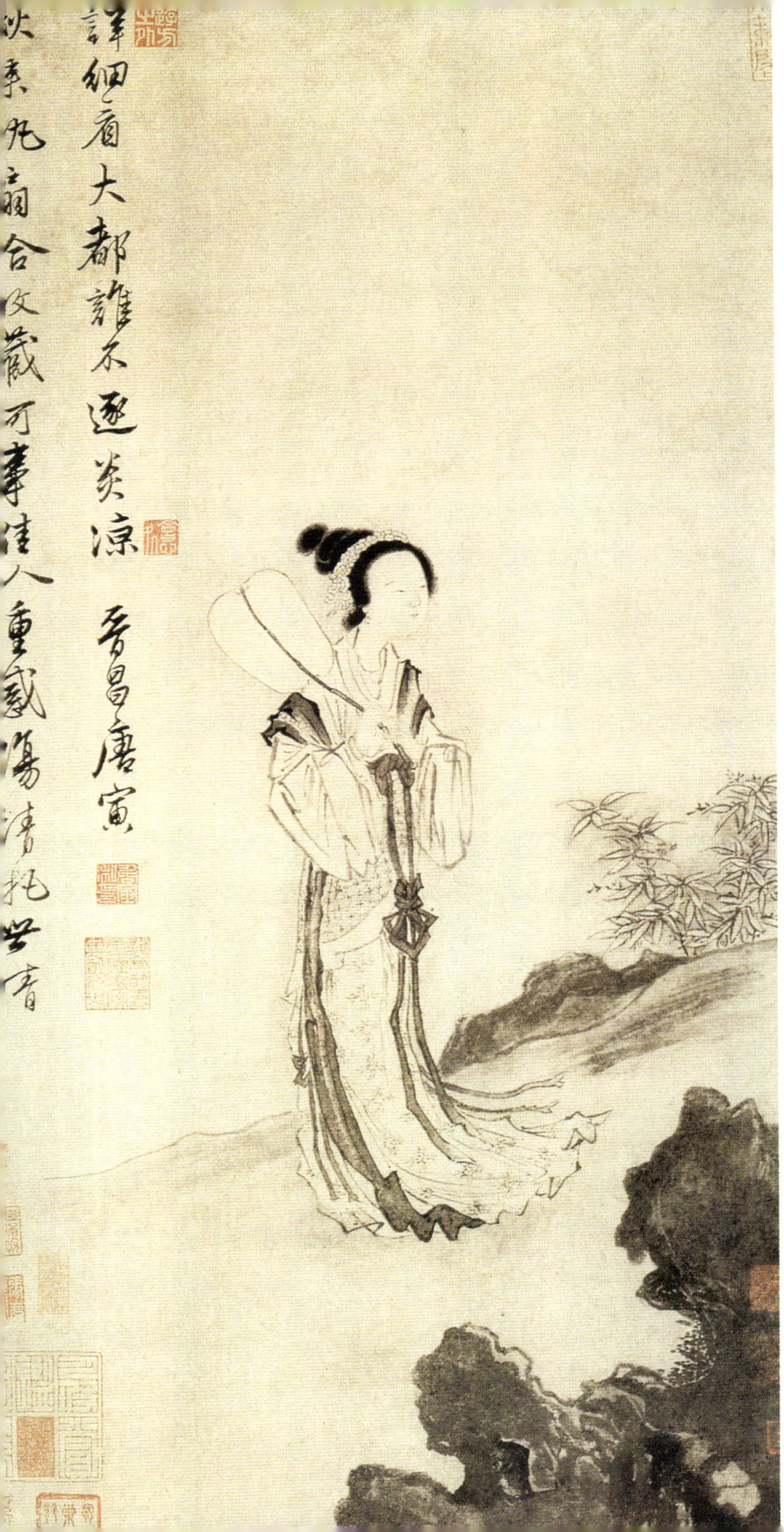
秋來紈扇合收藏何事佳人重感傷請把世情
詳細看大都誰不逐炎涼
晉昌唐寅

《秋风纨扇图》 明代 唐寅
77.1cm×39.3cm 上海博物馆藏

式表达得更深刻、充分、通俗、形象、感人，有血有肉。

至于林黛玉，则是另一种情况。

她更像是传统文人，在她犀利语言的背后，是对荒诞、虚伪世俗的抗拒。她的病与残，是理想主义者的自怨与自艾。

文人的一大特质，正在于其敏感。

有花开就会有花谢，是英雄就会老去，是美人就难逃迟暮，任你有什么样的美好梦想，也会在现实中遭遇坎坷，什么样的豪迈激情，也将面对生命的散场。面对生命的不完满，理想主义者能不伤感？

我们来看一张唐寅著名的画作《秋风纨扇图》。

对于此画，一般都认为，这几乎就是一张唐寅的自画像。

画中仕女手执纨扇，面带愁色病容，为什么？因为金风乍起，秋天要来了，纨扇作为夏季之物已经没有用处了，需要收起来了。仕女由物及人，想到了自己的人生以及世态冷暖。正如题诗的点睛：

秋来纨扇合收藏，何事佳人重感伤。请把世情详细看，大都谁不逐炎凉。

《人物故事图册》之《明妃出塞》(左)、《贵妃晓妆》
每开 41.4cm×33.8cm 故宫博物院藏

▶《班姬团扇图》 明代 唐寅
台北故宫博物院藏

病的不是仕女，无力的也不是仕女，实则为唐寅自己照镜子时的自怨自艾。

这幅画的耐看还不止此。纨扇是有一个典故的，典故的主角就是班婕妤。

根据记载，班婕妤是中国历史中一位近乎完美的女人。她出身名门，有文化、有美貌、有智慧、有品德。在入宫成为汉成帝妃子后，她以古代圣贤为榜样，依照礼法行事，希望辅佐汉成帝成为一代明君。其中一个著名的桥段是，在她最得宠的时候，汉成帝想与她同辇出行。结果班婕妤不仅没有同意，反而借机告诫汉成帝，如何做合乎礼法，如何做才能成为伟大的君主。这一桥段后来被绘在中国古代另一张名画《女史箴图》上，成为后世教化、学习的典范。

然而可惜的是，汉成帝只是绣花枕头，空有一副傲娇的外貌。赵飞燕姐妹入宫后，他抛开班婕妤这样的贤妃，滑向昏君的序列，最终死在了赵合德的床上。

看着不成器的汉成帝所作所为，面对赵飞燕与赵合德惑乱后宫，聪明的班婕妤申请伺奉太后，从而躲开了险恶的宫斗。然而内心的苦闷与对现实的失望还是让她有感而发，留下了两篇赋和一首五言诗，这首五言诗叫《怨歌行》，又称《团扇诗》——

新裂齐纨素，鲜洁如霜雪。
裁为合欢扇，团团似明月。
出入君怀袖，动摇微风发。
常恐秋节至，凉飙夺炎热，
弃捐箧笥中，恩情中道绝。

班婕妤借团扇言志，叹息自己的命运，团扇从此成为特殊的典故。

台北故宫博物院还藏有唐寅的另一件作品《班姬团扇图》,与《秋风纨扇图》形同姐妹，画中的仕女自然就是班婕妤了。如此嗜好同样的题材，之于画家，并非偶然。

从古至今，中国文人就在这样的自怨自艾中，品味人生的无奈以及人类社会的困局。林黛玉的世界也罢，班婕妤的世界也罢，唐寅的

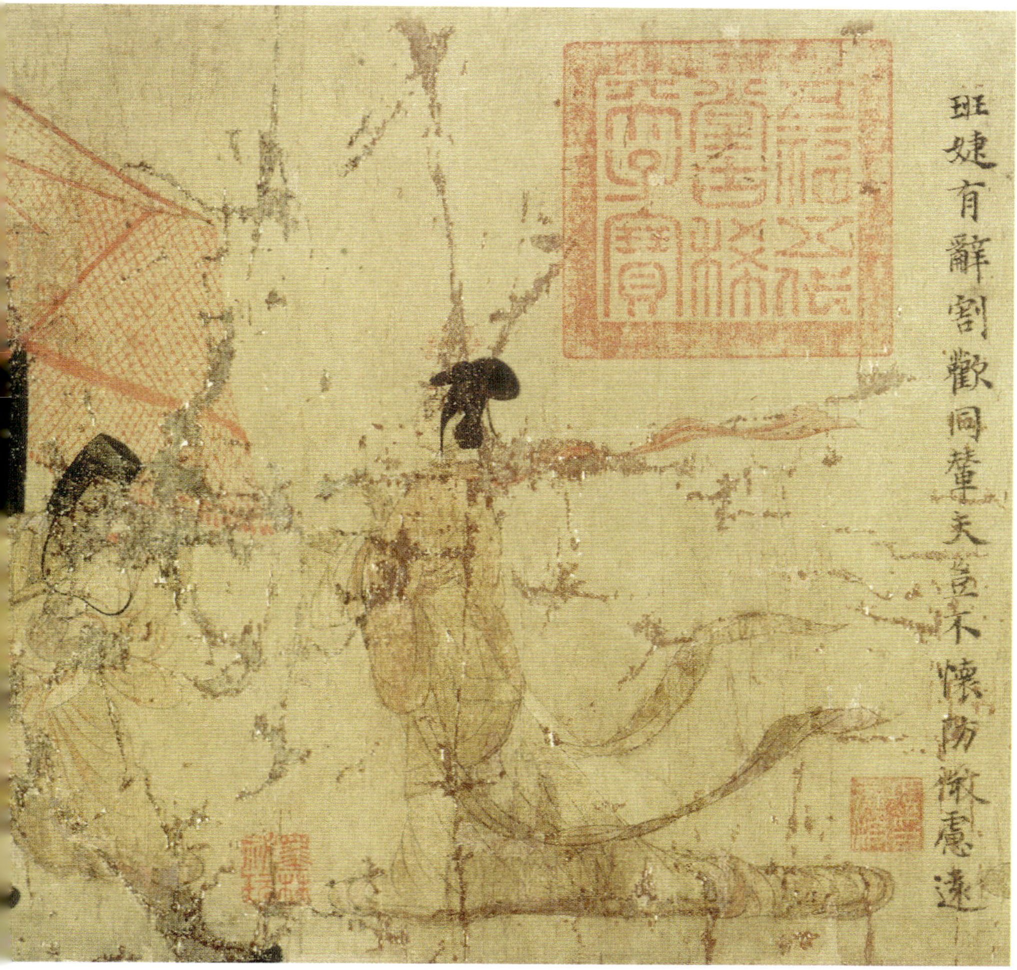

▲《女史箴图》局部 东晋 顾恺之
大英博物馆藏

世界也罢，它们仿佛都是无解的。生命的无常，生长环境的扭曲，艰难中必须进行的挣扎，最终的无力和放弃……命运的相似，中国人都看得清清楚楚。

西方在两次大战后意识到了同样的问题。残酷的现实让信仰遭受怀疑，传统经典文化走向弱势，西方人的自信心彻底崩盘，整个社会

进入了一个高度病态的时代。

“上帝死了”“每一个障碍都粉碎我”，成为西方艺术颓废的嘶吼——人生无解、人类社会无解。西方艺术狂飙突进，彻底打破了传统经典的模样，不再有秩序，不再温情，不再完整，不再形象，不再美丽，而是支离破碎、狂乱怪异。直至今天，西方当代的主基调都是绝望和病态的。

不能不说，艺术以病态表达，或者以悲剧表达，具有现实常态所不具备的艺术感染力，也最能挑动人心的脆弱。古今中外概莫能外。

一个著名的例子，就是英国女王在六年时间里几十次向英国表现主义画家卢西安·弗洛伊德求画的轶事。弗洛伊德的绘画被认为，“皮肉之下的灵魂，透过丑陋外表的刻画，使人们看到一个人的内心世界”。也就是说，他以丑陋的外表，揭示无助的内心。

英国女王是弗洛伊德的粉丝，弗洛伊德也最终让女王得偿所愿。这张画——只见画上的女王“面目臃肿，目光黯淡，眼袋下垂，像是个中了风的病人；画像轮廓粗犷，颜料斑驳，皮肤皲裂有如老槐树疙蔸”（书敏，《看似违和另类的弗洛伊德》）。

而这样一张画作，英国女王却视如珍宝。

我们是不是能看到人类的共同的脆弱？

是不是可以感受到，英国女王的追求，与《红楼梦》里的林黛玉本质上并无二异？

病态并不只是哀婉。武侠小说名家古龙塑造的小李飞刀，从出场就开始不断地咳嗽，然后在咳嗽中以惊人的冷静击败了一个个强大的敌人。谈笑间强橹灰飞烟灭，这算是一个自我宽慰的幻想传奇吧！

第六张画·《六君子图》

文人的浩然之气

《闵予小子之什图》局部 南宋 马和之
故宫博物院藏

中国人很早就认识到了生命的无奈，但是中国人最了不起的地方也在这里——他们并没有沦陷在病容当中，即便在最无奈的情况下，仍然勇敢地寻找人间正道。

中国有一种画，叫作文人画。这个画种被解释得一塌糊涂。

一种观点以为，所谓文人画，就是业余画的另一称谓，是文人画家和职业画家的区别，这样的说法有另一层含义，认为文人画在技法方面比较弱，至少是可以比较弱的。

另一种观点则相反，认为能称得上是文人画的，是具备中国文人气质的画，为文人最顶尖素质的表现，也是中国艺术精神的集大成者。中国历代最优秀的画家，差不多画的都是文人画。

以上两者所指的范围，一在天，一在地，实在是大相径庭。

到底什么是文人画？笔者以为，要解释文人画的问题，首先要理解文人这个概念，文人的社会价值到底在哪里，然后才能理解文人画，给文人画一个恰当的定位。

什么是文人？

上溯得远一些，中国早期的文人，应为记录历史的史官。

为什么是史官？这要从文字早期的用途说起。

首先是卜筮，这是沟通天地的大事，得由能解读的人做，而且要记录下来。其次是重大政治活动，也要记录下来。最后就是历史的记录与文献整理。

有了这个源头，中国就有了文史不分家的传统。文人就从这个传统里衍生出来。

要弄清这是个怎样的传统，那就要先看看史官的传统。

史官的传统是什么？

就是中正执笔。

史官独立于权势、利益之外，客观公正，只对真实事实负责。这

一点很难做到。就像我们谈论文人性格，必然会看到文人的缺陷一样，人类固然有自己的局限，不是机器，也不是神仙，但是人类有自己的理念和准则，会按照这个标准努力要求自己做。有时候能做到，有时候做不到。即使做不到，做百分之九十，百分之八十……已经足够了，而对独立、客观、公正的理念的追求，最终决定了中国文人的性格。

中国文人的性格形成过程，是非常复杂的问题，但我想，这里面至少包括一个核心的思考，以及三个关键性的人物。

核心的思考就是，一个理想的社会应该是什么样子的。这一思考，周代就已经完成了。

周人认为，一个社会要想长治久安，其基础一定是德，并以此为基础设计了一个周人心目中的社会结构——在周的势力范围内，按照德的标准构建社会，所有的人都要尊崇周礼。

周礼构建起了一个秩序井然的社会，此后帝制社会都向周礼学习建立此种秩序的方法。我们中国至今自称礼仪之邦，也源于此。

然而周礼存在一个先天漏洞，那就是周代社会是贵族社会，是特

《湘君湘夫人图》 明代 文徵明
100.8cm × 35.6cm 故宫博物院藏

权社会，礼不下士人。其结果是贵族拥有特权，为所欲为，越来越不愿受到王权与“礼”的制约，而平民与贵族存在严重不平等。作为对立一方，平民一方最终起而反击，这就导致了历史上的“礼崩乐坏”，然后便是春秋战国的混战。

即便如此，周礼仍没有真正崩盘，周礼的传统如血液般融入了中国社会，贯穿整个中国古代史。这其中有两个人功莫大焉：管仲和孔子。

面对礼崩乐坏的局面，管仲率先站了出来，在齐国发动了改革。

管仲通过改革完成了社会分工，就是把齐国人分为士、农、工、商四类人，然后分类管理。这个超稳定的社会结构被后来历朝历代所借鉴，延续了几千年。士有文士、武士，文士即文人，而士的地位与传统便从此固定下来。

另一方面，管仲规划的政治版图倡导了一种叫作“三乡五鄙”的管理结构，这为文人传统制造了肥沃的生长土壤。按照管仲的规划，国家分为国、乡、里……直到最基层的五家为一伍，它们层层管理，每一层对下级治理，并对上级汇报。

一个人如果贤能，那么他不用在上级眼皮底下表现，而会被一层层报上去，由高层决定审核，合格后可进入管理层；反之，如果一个人有问题，那么也会被一层层报上去，然后会有相应的处理。在这样的结构中，一个人要想在社会立足，必须首先处理好最基础的道德问题，处理好邻里乡亲的关系，而绝不敢肆意胡为。一个人有道德，有能力，就会因为举荐而打开人生的上升通道。

虽然管仲所构建的社会结构随着时代发展被打破，但它遗留的乡里乡亲的传统始终保持在中国乡村结构中，文人就从这种土壤中生长出来，带有先天的道德意识，这也是中华文化的基石。

至于孔子，在整个社会已经不可逆转地走向实力与利益争夺的春秋战国，孔子逆流而上，要克己复礼，也就是用实际行动提醒世人，如果按照实力与利益这样的构想，是走不进人类理想国的。孔子的若干思想被后人学习得很充分，在此便不做赘言。

除了管仲和孔子以外，我们还必须提到的第三个人，就是屈原。

管仲树立了士的地位，打下了乡村中国的社会基础，孔子本身也是坚定的“卫道士”，而屈原则是大夫，真正的贵族。

今人谈及屈原，大多是因为端午节的传统。人们会想到吃粽子、赛龙舟，头脑中闪过屈原为爱国而投江的画面。今天的屈原，已经融入生活习俗，成为我们的一部分。

那么，为什么偏偏是屈原呢？

这里一大原因，是屈原的一生宛若戏剧，这出戏以独特的情节，展现了绝境中的华丽人生，而这样的华丽人生通常只存在于文人学说的理论中。屈原将人生变成了活脱脱的教材，由此引发了国人的千年叹惋。

屈原的一生也许命中注定就是华丽的。他一降生就生在了良辰吉日。有研究者认为，这个良辰吉日很可能是寅年寅月寅日。他的父亲感觉非比寻常，就给他起了特别的名字。

屈原名平，字原。

屈平？屈原？这有什么特别吗？

是的。

屈原在《离骚》中很自豪地谈及这件事，并为后人留下了线索。他说，他的父亲给他取名：“名余曰正则兮，字余曰灵均。”

也就是说，他的名字叫正则，他的字叫灵均。古人曾对此做过研究，认为“正则”就是公平的法则，就是天，也就是屈原名字的“平”；“灵均”就是给天下生灵以平等的帮助，就是地，也就是屈原名字中的“原”。

屈原在《离骚》一开始就告诉世人，我从来到这个世界上，就是

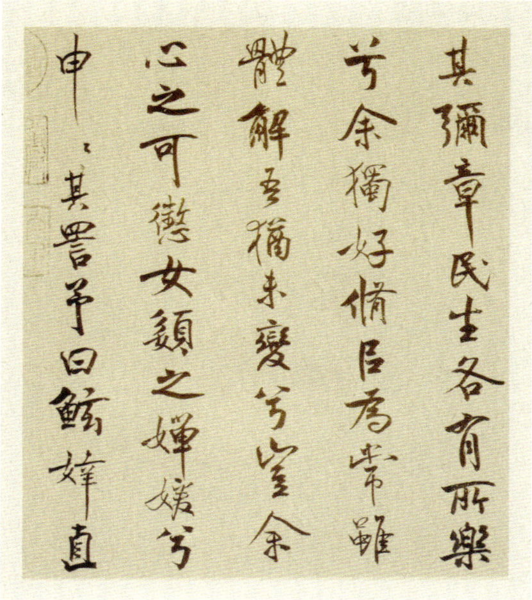

▲《离骚经册》局部 北宋 米芾 台北故宫博物院藏

带着大理想的，这个理想之大可能超出了很多人的想象。然而，现实距离这样的理想也如同天壤。历史明确记载，屈原被小人谗言陷害，先后两次被逐。其时，楚国在与秦国的较量中处境危急。屈原空有一身志向无从施展，此刻的楚国庙堂“黄钟毁弃，瓦釜雷鸣”。眼见自己的国家步入险境，自己却无能为力，屈原陷入了深深的绝望。

在这样的绝望中，屈原以楚国方言为基础，创造了一种新的文学式样——楚辞，以此表达自己的理想。《离骚》《天问》《九章》《九歌》等横空出世，一个属于文学的绚烂世界诞生了。在屈原之前，人们并不知道诗歌都是谁写的，而此后，诗歌有了真正的作者。屈原是中国第一位有名有姓的浪漫主义诗人，楚辞则成了中国文学史承前启后的一段光辉篇章，影响了后来的诗词、汉赋等。鲁迅在研究这段历史时，认为楚辞的实际影响高于《诗经》。甚至可以说，屈原以一己之力改变了文学史。

按照现在的观点，人们认为，屈原在写作了《怀沙》一诗之后，抱着一块石头沉入了汨罗江，完成了人生最后的血色浪漫。这一沉，带着对国家深深的眷恋，带着追求完美人生追求的理想，带着有些迂腐的文人气质……要知道战国的时代，为了追逐利益，这些都是被实用主义者所唾弃的。典型人物如张仪，身为魏国人，混迹楚国，又任职秦国，他一生欺楚、欺魏、欺秦，全凭一己之私，玩大国于股掌之间。而屈原式理想主义者的人生轨迹则是不离不弃，忠于唯一，至死不移。他在流放中行吟，跟渔翁讲述自己的人生追求。

历史还是记住了这位楚国贵族，后人不断用他的精神自我勉励，

▲《九歌图》局部 元代 张渥（绘） 吴叡（书） 上海博物馆藏

看看傅抱石、文怀沙这样的名字，就不难体会到这种精神对后人的激励有多么持久。

“路漫漫其修远兮，吾将上下而求索”，还有什么比这更能代表中国文人精神的呢？屈原，这位大夫与我们前边说的士，共同构筑了中国士大夫的基础，解决了文人是谁的问题。

简言之，文人是有社会担当的人，他们是人类社会中寻找希望的一盏盏灯，是中国人的精神脊梁。在民族危难之际，他们挺身而出，不惧生死；在最严峻的生存环境下，他们坚守着价值底线。所以会有苏武牧羊的故事，会有诸葛亮“鞠躬尽瘁死而后已”的自勉，会有文天祥“人生自古谁无死”的表达。

文人独立自我的追求常常与当朝统治者不合拍。然而，皇帝对文人基本上是宽容的态度，包括文字狱最为严厉的时候，文人也能在一定程度上有他们的生存空间，包括他们需要的尊严。抓住了文人这根线，才是抓住了社会的脊梁，这是皇帝们都明白的事情。蒙古跃马中原以及清军入关以后，他们对汉族文人的笼络态度也基于此。

中国古代文人在现实中有很强的存在感，比如，古人认为社会中有“理”的存在，知书是为了达理，所以老百姓也愿意让文人给他们评理。读书人受到尊重，并不只是因为他们可以通过科举当官，而是他们代表着“理”。当一个社会堕落到只为金钱和权势屈膝，只有金钱和权势才是讲理的依据时，这个社会其实是没有希望的。古人深深地理解这一点，所以，在整个社会中推崇文人，给文人以特殊的地位，从而保留人类社会向上的一线阳光。

文人有丰富的精神世界，投射到生活中，就是更有品质的生活，代表着时尚潮流。中国古代的时尚尽管也随着时代变更，但是主流审美的基调薪火相传，其中文人的支撑作用非常明显。

比如说，以“五大名窑”等为代表的宋代瓷器，被认为是中国古代瓷器审美的巅峰。此时的中国瓷器，不过是青色与白色为主，但直到今天都是被学习模仿的对象，其原因，正是宋代文人对古代器物的深入研究，同时将心得与审美融入了器物。

另一个更为人所熟知例子是紫砂壶。我们知道，明代紫砂壶异军突起，一方面是饮茶方式转变的原因，但是另一方面则是文人进入紫砂设计领域，创立了独特的紫砂审美规则。今天紫砂壶可以卖到千万元级的价位，便有传统与历史积淀一点点累加造成的原因。如果我们能够理解西方奢侈品昂贵之姿的故事，那么我们也一定能够理解紫砂壶，只不过紫砂壶的传统并不只是匠人的精益求精，还有着文人与文

乾隆御覽之寶

化的融入，它不仅厚重，且多姿多彩。

文人的爱好，在历朝历代被反复传颂，成为中国文化的主流与被追随的榜样。例如，在古代有所谓“四爱图”之说，常画一组四个人物，但版本不同，包括王羲之爱鹅、周敦颐爱莲、陶渊明爱菊、林和靖爱梅、陆羽爱茶、米芾爱石、苏东坡爱砚、杜甫爱诗、李白爱酒等，爱好本身并不是重点，重点在于这些所爱之物上面体现出的文人境界。文化榜样的力量就是以各种方式流传，反复被提及、吟咏。

文人的意义如此，文人画的存在也是如此。

西方绘画有着商业传统，它最早服务于神，实际上是服务于金主；随后服务于人，也是服务于金主。这个结构演化为商业画廊，直至今天，西方艺术的主流也仍然服务于商业，为商业所左右。商业的洪流会冲毁、消解“文以载道”的传统，当代人对此应保有足够的警醒。

中国古代的画家，有服务于宫廷的，有服务于达官贵人的，有服务于民间的，有谁也不服务的。无论服务于谁，迎合（包括通常所说的“取媚”）或按照需求者要求绘画实际上是职业画家的基本素质，包括民间的画师也是如此。与之相对，并不以取悦为初衷，也不以获利为目的，拥有独立精神，抒发自己内心感受的，就是文人画。由于其中有交集，所以职业画家也会画出文人画，而文人士大夫本身也未必不画称不上文人画的东西。

文人画就是拥有独立精神、独立思考的画，这一概括大体不差。

那么，文人的独立精神能到什么程度？

我们不妨看一看“元四家”之一的倪瓒。

倪瓒出身于富贵之家，说其家庭富甲一方并不为过。身处富贵的这位公子哥却一头扎进了文化的海洋之中，在他家巨大的藏书楼中读书品画，形成了自己独特的世界观。

这个世界观，就是绝不向世俗世界妥协！

元末，改朝换代的暴风雨来临之前，倪瓒先知先觉般散尽家财，然后乘一叶扁舟行于江湖。不久之后战乱开始，当地富户大都遭洗劫，倪瓒却过着优哉游哉的日子。随着群雄并起，军阀张士诚势力膨胀，盘踞一方。他请倪瓒出山，倪瓒不应。张士诚的弟弟张士信专门备好了绢，派人登门请他画画。倪瓒的表现却是：直接开撕，真的把绢撕了。他说：我又不是你们家的画师，凭什么你让我画我就画！结果冤家路窄，不久后，张士信路遇倪瓒，差点把倪瓒打死。倪瓒遭鞭打时却一声不吭。后来人们问他，你就这么干挨着，怎么不说点什么？倪瓒答，说了就俗了。

这是什么意思？

倪瓒的想法并不复杂，若干年后，鲁迅笔下的阿 Q 在最后时刻不就在恍惚中想喊一嗓子吗——“再过二十年……”

能不俗吗？

所以，倪瓒不说，也不喊。

元朝的势力被赶出中原，朱元璋得了天下后，请倪瓒出来做官。

倪瓒依旧毫不犹豫地拒绝了。

很多人谈论倪瓒时，感觉这就是一个怪人，既有极端的洁癖，又行事乖张，完全不同于正常人。就以他对掌权者的态度来说，不当元朝的官也就算了，张士诚请你画个画招你惹你了？朱元璋请你当官，你又拒绝个什么劲儿呢？

对于这样的所作所为，倪瓒没有留下解释，但他的诗里写得很清楚：“天地间不见一个英雄，不见一个豪杰。”

元代统治者也罢，张士诚也罢，朱元璋也罢，倪瓒看不上——我根本就看不上你们，你们还让我给你们屈膝，别做梦了！

倪瓒有道家的家庭背景，他追求的是今天人类仍在追逐的最高课题：自由。

道家也是最早在这方面有所建树的。比方说庄周，既有《逍遥游》这样雄奇想象的文字，也有妻死鼓盆而歌的做派，可是，庄周出世，更多的是一种恐惧。在庄周看来，用来祭祀的牛吃得再好，也会被屠宰掉，何必因为贪那口吃的，把性命搭上呢？

可是，倪瓒不是这样。

倪瓒就要按照他的理解选择他的人生。碰得头破血流也绝不回头，他相信，这才是真正的君子！

这样的人画出来的画，你说能不叫文人画吗？

《六君子图》是倪瓒传世的代表作，也是他最富盛名的作品之一。

这件作品的创作经历，倪瓒写在了画上。我们可以看到，其时庐山

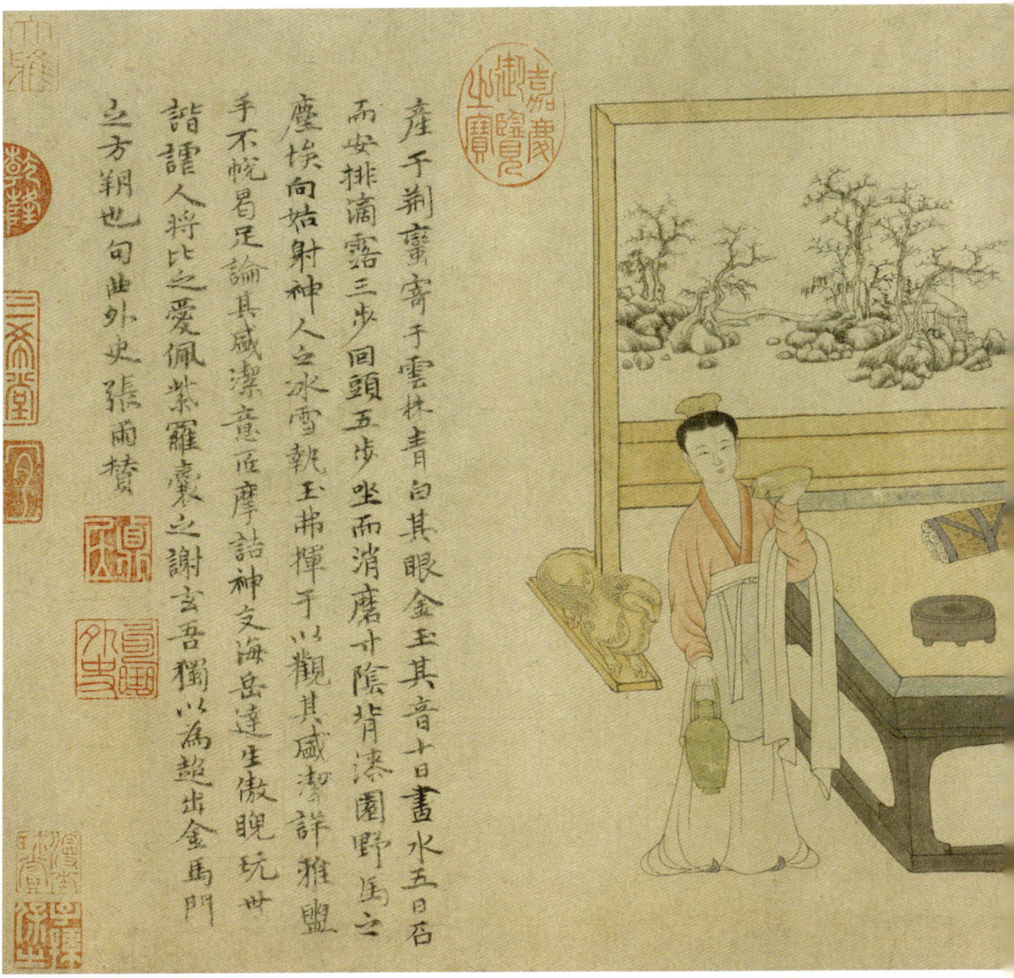

▲《题倪瓒像》 元代 张雨
28.2cm×60.9cm 台北故宫博物院藏

甫向倪瓒求画，而且应该是很清楚地向倪瓒表明，这幅画要给黄公望过目。于是倪瓒说，我本来已经累得不行了，庐山甫这个家伙死乞白赖地非让我画，没办法，我就画成了这样，黄老啊，你可千万不要见笑。

是倪瓒很谦虚吗？

更好的解释应该是，这是个好玩的文人间的游戏，倪瓒忍不住出

手了。

倪瓒与黄公望都是绘画的绝顶高手，一个人画画要给另一个人看，这对双方来说，都不啻为一次考试。倪瓒表面谦卑，实则暗自出了题目：黄老，你真的要看的话，那么不成敬意，你看看我胡乱画了点什么？

《九峰雪霁图》元代 黄公望
117cm×55.5cm 故宫博物院藏

后来，黄公望确实看到了倪瓒这幅画，然后欣然在上面题诗：“远望云山隔秋水，近看古木拥披陀。居然相对六君子，正直特立无偏颇。”

黄公望是什么样的人物！

他的意思在诗中表达得很清楚：哪里是胡乱画的！你这个构图太讲究了，而且你想画的内容我一眼就看出来了，你画的是特立独行的六君子，这就是你的人生境界呀！论品画，我老黄还行，对吗？

因为有了黄公望的题诗，倪瓒的这幅画获得了沿用至今的名字——《六君子图》。

▶《六君子图》元代 倪瓒
61.9cm×33.3cm 上海博物馆藏

盧山甫每見輒求作畫至正五年四月八日
泊舟弓河之上而山甫篝燈出此紙苦徵
畫時已憊甚只得勉以應
之大癡老師見之必大笑也倪瓚

嘉慶御覽之寶
宣統御覽之寶

第七张画·《水仙蜡梅图》

入世的希冀与宿命

倪瓒是中国古代出世文人的代表，不与世俗妥协，而中国文人中的另一类则是入世者。

可以说，中国文人有着高贵的道德传统，但现实中的文人之道却是一条畏途。

明代画家仇英绘有一张《水仙蜡梅图》，画面摇曳多姿，暗香浮动，给人一种很美的感觉，但是，这张画却并不是画面看上去这么简单，它所表现的乃是文人人生中特有的情绪：艰难。

艰难？

做文人有多难？

首先，以文人身份脱颖而出本身就是一件极难的事情，后来中国民间流传的“一命二运三风水四靠烧香五读书”，读书被排在这样靠后的位置，可能正是源于读书出成就的艰难。造成读书艰难的原因，在古代，至少是因为出路的单一。所谓“学成文武艺，货与帝王家”，就这么一个出路，还是千军万马过独木桥。

然后，文人还要给自己制定很多条条框框、行为准则，但这些行为准则，并不能给自己带来实际的好处。士、农、工、商，四种人，农人依照准则可以收获农作物，工人可以做出工艺器物，商人可以获取真金白银，只有士，暂且不论做得好与不好，就是按一切标准做好了仍然可能一无所获。古人将这种情形，描述为“穷则独善其身，达则兼济天下”，又如范仲淹所说，“居庙堂之高，则忧其君；处江湖之远，则忧其民”。

庙堂与江湖，是文人的两种状态，但在这两种状态下，文人都难言幸福。

庙堂是什么感觉呢？

苏轼说：“高处不胜寒。”

江湖是什么感觉呢？

▲《水仙蜡梅图》 明代 仇英
195.8cm×44cm 台北故宫博物院藏

《岁朝图》北宋 赵昌
103.8cm×51.2cm 台北故宫博物院藏

孔乙己说：茴字有六种写法。

中国文人的典范孔子，行走天下，但一身的学识无以施展，只好退居杏坛，以教育传授他的一生思考。

解决能否脱颖而出的问题，并不能仅仅靠自身的学识和修为，而需要借助其他的力量。所以就有了“贵人”的说法，有了“千古难觅一知音”的感叹，有了“千里马常有而伯乐不常有”的论述。而文人一旦风云际会，释放出他们的能量，对历史的颠覆与引领往往是革命性的。

孔子的学生子夏被魏文侯赏识，率先引发了魏国的变法，改变了周的社会规则，将中国历史推进到战国时代；商鞅见秦孝公，一番论

◀《岁朝佳兆图》 明代 朱见深
59.7cm×35.5cm 故宫博物院藏

述唤醒了秦国崛起的能量，最终灭六国而统一天下，结束了漫长的春秋战国；贾谊一篇《过秦论》，警钟般敲醒世人，告诫强秦快速崩盘的教训，让大汉走出了一条自己的路，并为后世所效仿；李世民重用魏征，以虚心纳谏的姿态开启了贞观之治，树立了帝制社会皇帝与文臣之间关系的典范；清末戊戌年，内忧外患中，一群文人挺身而出，寻找中国的光明所在。直至马克思主义东传，又是一群文人无惧牺牲，怀揣着心中的理想，建立了今天的共和国。

文人的力量是思想的力量，这一点在西方也是如此。

把西方人从黑暗的中世纪拉回人世温暖的，是文艺复兴运动，然后是启蒙运动、浪漫主义、批判现实主义等，每一次思想的潮流都在反思人类的生存状态，改变人类文明的方向，也塑造着西方人的思维。

长于思想的中国古代文人，知道风云际遇不仅要靠自己的修为，也要靠命运的眷顾、老天爷的垂青。所以，文人敬天、畏天，懂得谋事在人，成事在天。在文人的表达中，他们会有两种倾向，一是表达他们的内心，再有就是表达他们与周围环境的关系。

“岁朝图”正是这样一种既有自己内心，又有外在环境描绘的画。

在人类社会漫长的农业文明时代，每一次的季节轮回都极其重要。上至帝王，下至田间农人，都极端重视这一轮回的意义，这也是中国人重视春节的原因。

对于读书人来说，一年之计在于春，一天之际在于晨，文人有感时间的流逝，有着对时间的珍惜与规划。同时，读书人与农人一样，也要考虑自己可能的收成。农人的耕作与收获是看得见的，读书人的一切则是无形的。所以，读书人面对一年之始，更加忐忑不安。他们的期盼，看似清淡，实则浓烈。他们期待他们的人生，就像图中画的一样，寒冷的冬天即将过去，而美丽的春天就在眼前。

实际上，作为一岁之首的画，“岁朝图”可以画很多不同的内容，

七薌居士

《插花图》局部 清代 改琦
美国大都会艺术博物馆藏

故而又有“岁朝佳兆图”“岁朝行乐图”“岁朝清供图”等不同画法与说法，而它主要的基础功用，向上是祭告天地，向前是祭告祖先，向后则是为自己、家人及后代祈福，因此大多数情况下实为“岁朝清供图”。

“清供”二字，虽简约，却不失隆重。“清”则清矣，却也是“供”之一种——这就有意思了，既然要供，还是清供，那供什么呢？

最佳的选项首先就是鲜花。今天我们在很多场合，也经常选择鲜花，实在是因为鲜花之于人类堪称完美的情感寄托物。插花很通俗，却也很高雅。宋人有插花、挂画、焚香、点茶四件雅事，插花即是其中之一。

曾见有人回忆童年趣事，其中一个情节就是将冬天的白菜生出花朵用于清供，颇得生活真味，也是清供生活时尚的余音。清代画家改琦的《插花图》，则堪称插花一脉的代表。

此图绘文人操琴而坐，小童子在山石瓶中插上了梅花，旁边题诗：

瓶以美人耸玉肩，
汲来新水注天泉。
山家寒尽无余事，
插了梅花便过年。

此诗的诗眼即是最后一句：插了梅花便过年。一看即是典型的文人腔调。文人要什么呢？世俗所看重的种种繁缛全然不在眼中，只要一种精神的气质，一种品性的追求，一株梅花足矣！

请注意，此处改琦并没有只说梅花，他提到了一件器物——“瓶以美人耸玉肩”。对，就是瓶。在中国人看来，瓶与花乃是绝配。今天我们仍然是这样的传统，瓶代表着平平安安，加上花开绚烂，算得上是完美人生的代表了。

可是，很多“岁朝图”所用器物就不是那么简单了，可谓钟鼎彝器，蔚为大观。再佐以插花、瓜果，不仅是岁朝，上古的气象也出来了，这样的“岁朝图”则称之为“岁朝博古图”。

博古的基础是崇古，但内涵却不止于此。

中华文明崇古的传统中，言必三皇五帝，张口尧舜禹，这是很早的事了。但是那些历史究竟什么样，并不能仅仅靠嘴说。今天，我们评价一个文明，通常把文字作为可靠记录。中国古代很重视修史，但是这些记录写在竹简与丝帛上很难保存下来，就算是保存下来的文字，往往几经转录，最初真相反而模糊了，这给探究历史带来了很大的困惑。与之相比，刻在器物上，特别是青铜器上及石头碑刻上的文字却相对完整地保留了最初的原始信息。对这些文字的研究，成为打开古文明秘密的钥匙。

使用整理这些钥匙，是宋代人开始大规模尝试的，这种尝试以古器物为基础，故称之为博古，而这博古的学问，又以青铜器及碑刻为主，故称之为金石学。

博古以及金石学在宋代蔚然成风，宋代人那么讲究，与他们对中国古文化的深入研究息息相关。

其中著名的例子，如赵明诚、李清照夫妇撰写《金石录》。《金石录》一书共三十卷，记载了从中国上古三代到隋唐的二千多种拓本。作为此书作者，赵明诚认为，中国古代的历史记录难免掺杂个人好恶，有些史实仅仅从书上看可能是不真实的，金石遗留的却是原始信息，与历史记录对照，就可以把历史真相看得更清晰。

对于中国博古产生更大影响的一本书，便是宋徽宗下令编撰的赫赫有名的《宣和博古图》。宋徽宗酷爱文化艺术，他在位时曾广收文物，编成《宣和书谱》《宣和画谱》《宣和博古图》，还亲自撰写了一本“茶论”，后称《大观茶论》。这些书籍的影响直至今日，也奠定了今天中国文化艺术审美格局的基础。

《宣和博古图》著录了当时宣和殿所藏古代青铜器共二十类，八百三十九件，年代从商代至唐代。每件器物都要摹画成图，器物的铭文要拓下来，要有文字的解释，要记录下器物的尺寸、重量与容量。有的还附记出土地点、颜色和收藏家的姓名，还有对器名、铭文的考证等。

《宣和博古图》对于器物及历史的考证，并不只是一种学问，它是带有实用意义的。因为这些青铜器都是古代的礼器，用于各种礼仪场合，祭天、祭地、祭祖、祭时、祭各种神鬼与贤人。所以，宋人考证这些器物，还要根据这些器物，确定本朝礼器的制作、使用。于是，书中也留有本朝使用时选择的器物比例、规格等情况。后来，明代礼器制作和使用时出现不清楚的情况，就要参考这本书。顺便说一句，参考青铜器制式，宋代也将仿制的瓷器用于礼器领域，替代青铜器的功用。

到了清代，金石学鼎盛，是可列为第一的学问。世人对于古器物的态度——比如青铜器，那种尊敬远不是瓷器可以与之相提并论的，加之学术的原因，像拓片、篆刻、古印，这些带有古文明原始文字信息的东西，都有极高的地位，直到今天，仍为学者所景仰，这是古代文脉的延续，也是对历史文明的尊重。

社会公众比较熟悉的一件作品——清代雍正皇帝最为喜爱的圆明园深柳读书堂围屏上的《胤禛妃行乐图》，其中一张就是《博古幽思》。画中的斑竹椅子也罢，金漆镶嵌的几案也罢，各种瓷器、砚台、书籍、屏风等，体现的就是对古文化的追随。“幽思”，所思即是古人的文化生活。

“岁朝博古图”作为“岁朝图”的一个门类，其中包括礼仪传统

《岁朝清供图》 清代 吴昌硕
151.6cm×80.7cm 故宫博物院藏

的延续——以礼器行一岁之始的祭告，虽只是图画，但核心意思到了，同时也包含着后人对先人的致敬——看，当年你们所创造的文化，我们都没有忘。

“岁朝博古图”有着钟鸣鼎食之家的气度，很贵族气，也很厚重，但总体而言，文人气息浓郁的“岁朝图”仍然是带着读书人与生俱来的“脆弱”气质的绘画品种，也是个性表达很接近绘画者心理状态的品种。

我们再来看明代仇英的《水仙蜡梅图》。

蜡梅花和水仙，都是冬春之交开花的品种，一目望去即知，这是典型的“岁朝图”。此图绘画手法成熟、画面清丽、设色雅致、勃勃

▶《胤禛妃行乐图》之《博古幽思》 清代 佚名
184cm×98cm 故宫博物院藏

生气与缕缕馨香似乎扑面而来。

仇英是明代极具特点的绘画奇才。他本来只是一个漆工，被文徵明发现绘画才能后给予提点，于是得以拜周臣为师学习绘画。周臣还有另一位高徒，名字叫唐寅。仇英就这样走进了当时中国最有才华的江南文人艺术圈。而仇英本人随即展现出了更高的绘画天分，比文徵明与唐寅，都有过之而无不及。

对于仇英的天才，美国学者高居翰的一个说法似乎颇为形象。他说，以仇英的绘画能力，你让他看看油画，然后给他一些油画的材料，他两三天就能给你画出一张意大利风格的油画来。

与文徵明和唐寅不同的是，仇英没有受过良好的教育，文化水平并不高，所以很多人谈及仇英总有些怀疑的目光，以为他应该是一个画匠。但实际上，身处文徵明与唐寅的交际圈内，他的交往对象是王守、王宠、文彭、文嘉、陈淳、陆治、陆师道、周天球等，皆为当时非同凡响的文化人。因此，仇英虽不能像文徵明、唐寅那样铺开绢纸就写诗，但他的思维方式、价值取向以及审美，都和他们没有不同。

《水仙蜡梅图》不就是这样的审美吗？

在凛凛严冬消退中，知春的花朵傲然怒放——

文人的理想有些含蓄，但是充满了坚韧的味道。

孟子的名篇，几乎每一个读书人都背诵如流："故天将降大任于斯人也，必先苦其心志，劳其筋骨，饿其体肤，空乏其身，行拂乱其所为。"

逆境中的时间是用来熬的，也是用来自我修炼的。所以，古代文人的岁月是情怀与时间的交织，他们表达起来也浓情隽永——"年年岁岁花相似，岁岁年年人不同"，是感慨；"青山不墨千秋色，绿水无弦万古琴"，是洒脱。

冰鏤
陸契風姿月明相對如和
癸未新春洪題

第八张画·《香山九老图》

我们的传统如何对待老人

当代中国乃至整个世界面对的一大挑战，就是老龄化问题。

面对这一问题，我们通常都是算经济账，钱从哪里来，怎么用最有效率。

当一座座养老院拔地而起，一个个关于老人健康的设计描绘出绚丽的蓝图，我们需要警惕一个问题，那就是把老人作为负担来看待。从经济的角度看，计算投入是必要的，但是在文化上却是错误的。

尚老、尊老才是我们的传统。

我们尊老的传统有多古老呢？

被认为写于战国至秦汉这段时间的《礼记》里是这么说的：

昔者，有虞氏贵德而尚齿，夏后氏贵爵而尚齿，殷人贵富而尚齿，周人贵亲而尚齿。虞、夏、殷、周，天下之盛王也，未有遗年者。年之贵乎天下，久矣，次乎事亲也。

上古的有虞氏（古老的华夏部族，舜出自这个部族）看重有德的人，同时他们以老年人为尊贵；夏代看重有爵位的人，商代的殷人看重有财富的人，周代的人看中亲人，但他们都以老为尊——战国、秦汉时人们就认为，这几个历史上最为典范的时代，没有一个是遗弃老年人的。那么，这种尊老传统的道理在什么地方呢？

首先，从人类的视角说，老人的长寿本身就是人类挑战自身的成功。尤其是在医疗卫生条件、饮食条件都处于蒙昧之中的古人来说，高寿的老人就是人类的成功者。面对高寿老人，人们有着发自心底的敬意。可以说，尊老，本质上是对人类自身生命进程的尊重。

其次，在文明程度不高的时代，人们依靠经验生存，社会各个方面都需要老人宝贵的人生经历。我们看武侠小说里，常常描绘一个老人如何如何厉害，其实就包含着中国传统对老人经验的理解。丰富的阅历，使得老人拥有远比年轻人多的智慧。“不听老人言，吃亏在眼前”，“家有一老，如有一宝”，都是从这个意义上说的。

其三，对老人的尊重体现出古人对社会秩序的深刻理解。

《庄子·天道》说：“乡党尚齿，行事尚贤，大道之序也。”

《礼记》也说：“居乡以齿，而老穷不遗，强不犯弱，众不暴寡。”

也就是说，我们的古人认为，一个社会能不能以老为尊，关系着能不能构建一个秩序良好、充满正能量的社会体系，只有尊老，才能完成这一目标。不尊老，一切所谓的良好社会秩序全都免谈。

与之对比，当我们的社会飞速发展，尤其是进入信息化时代之后，科学技术的迅速进步带来很多副产品，包括老人的经验变得似乎不那么可贵了。相反，由于无法跟进科技发展，老人似乎正在被时代渐渐抛弃。

与之同时发生的，是更年轻的人不得不面对时代发展与工业文明带来的挤压，他们的时间越来越不够用，整个生命进程连自己都难以把握。

自顾不暇，遑论老人？

这就是把养老交给社会的主要原因之一。

理论上说，世事演变，用更先进的方式养老是社会的进步，但如果以社会进步及科技进步之名掩盖抛弃老人之实，便与文化传统南辕北辙了。以社会进步之名行“反人类”（当代社会的“反人类”趋向在工业文明冲击传统社会之后就被提了出来，当代西方艺术之所以表现方式极端，正是抱着对现代文明的高度怀疑，他们以各种方式提醒人们警惕戕害人性、走向人类反面等现代社会病）之实，这是当代社会特别需要警醒的地方。

所以，所谓的养老问题，“养”是第二位的，第一位实则为“尊”，由尊老而进入养老，才是养老的真正文化所在。这一点，我们看看古

汉代玉鸠杖首，2014年纽约苏富比拍卖

山西省浑源县圆觉寺金代砖塔塔顶的「相风」

人是怎么做的。

按照文献，从上古到夏朝、商朝，中国皆有养老制度。到了周代，周人“修而兼用之”，全面地继承和发展了此前的制度，形成后世的范本。《礼记·王制》中记载，周代养老的方式是“五十养于乡，六十养于国，七十养于学，达于诸侯”；到了年龄的老人，每年秋天，用赐杖的方式来确认身份：“五十杖于家，六十杖于乡，七十杖于国，八十杖于朝，九十者，天子欲有问焉，则就其室，以珍从。”到了汉朝，七十岁以上的老人要授予王杖，杖头有鸠鸟，故称之为鸠杖。

按照今天出土的实物，这种鸠杖高约两米，顶端有鸠鸟。可以想见，老人们手持着这样醒目的标志物，走到哪里必然就受到哪里的尊敬，即使地位高如天子，有事找老人，还得按礼数带好东西去老人家里看望。

为什么是鸠鸟？

鸠鸟的文化背景相当复杂，因此产生了很多不同的说法，这里简单介绍几种。

不噎说。传说鸠鸟为不噎之鸟，以此吉祥之意，祝愿老人饮食顺利健康。

权力说。《左传·昭公十七年》："祝鸠氏，司徒也；雎鸠氏，司马也；鸤鸠氏，司空也；爽鸠氏，司寇也；鹘鸠氏，司事也。五鸠，鸠民者也。"杜预注："鸠，聚也。治民上聚，故以鸠为名。"简而言之，就是说鸠带有权力的意味，授予鸠杖，就是给予老人高于众人的社会权力。

相风同源说。《拾遗记》中说："帝子与皇娥泛于海上，以桂枝为表，结薰茅并为旌，刻玉为鸠，置于表端，言鸠知四时之候，今之相风，此之遗象也。"——太白金星与皇娥约会海上，以桂枝做了一个桅杆，顶上有一只玉鸠。玉鸠有什么用呢？鸠能够了解天气的变化，如风向之类，可作为风向仪使用。这种功能流传下来，成为"相风"。"相风"即风向仪。汉代时就有明确的"相风乌"的记载。山西浑源一座金代砖塔，塔顶便有"相风"遗存，与鸠杖酷似。鸠杖可能与"相风"同源。

太白金星说。同样是上面的故事，但并未采用相风说，而是以为鸠杖不过是太白金星的象征，太白金星又名长庚星，这个名字本来就带着仙气以及长寿的意义……

类似的说法不胜枚举，有研究者甚至认为，麻将中条子牌中的"幺鸡"原型就是这种鸟。

当然，鸠杖在当时可能已经集合了很多种文化，有着多重意义，

上海美术电影制品厂20世纪60年代制作的动画片《大闹天宫》里的太白金星（左）及土地公公（右）

手执两米鸠杖的老人们更是成了社会中一道醒目的风景。而我们感兴趣的话题，并不是要探究中国有古老的养老制度，而是在制度之外，社会对老人以及养老究竟是怎样一种态度。

我们来看中国绘画中反复出现的题材之一：《香山九老图》。

《香山九老图》描绘了中国尊老史上最为经典的一个段落，其场景取材于唐代白居易所发起的两次"尚齿会"。

提及白居易，公众会立即想到《琵琶行》《卖炭翁》，"野火烧不尽"等诗文，以及白居易作诗为求通俗，念给老婆婆听这样的故事。更新的一代，大概会从影视中触摸到一些若即若离的影子，比方说陈凯歌导演的电影《妖猫传》。

《妖猫传》的底本所依据的是东洋舶来的奇幻故事，以白居易为主角展开。我们不妨问一句，历史上的白居易，和《妖猫传》这样电影中的白居易相似度有多少呢？

可以说，若仅就影片所表现的心智程度而言，电影中的白居易与历史各走各路，谈不到什么相似度，但是，电影却抓住了白居易一生中最重要的一个特征，那就是对情感的执着，这很可能就是《妖猫传》

▼《香山九老图》 明代 谢环 29.4cm × 148.9cm 美国克利夫兰艺术博物馆藏

《香山九老图》局部

▲《香山九老图》局部 宋代 马兴祖 美国弗利尔美术馆藏

的灵感来源，也是原著的出发点和电影着重的发力点。

在那个时代，白居易不仅是诗坛魁首，而且有着自己独特的人生价值观。白居易在京城做官时，心存江山社稷与黎民百姓，每每不避权势，直言进谏，即便惹恼皇帝仍不罢休；在做地方官时，亲力亲为，倾尽所有造福一方，兴修水利工程，并拿出自己的俸禄留作政府周转基金，为地方百姓深深拥戴。白居易生逢安史之乱后的复杂政治环境，党争残酷，你死我活，但因考虑成熟，人情练达，且有自己的原则，故在如此恶劣复杂的斗争中亦能应对自如。这样一位成熟的思想者，偏偏有着曲折的情感历程。他执着于爱情，痴心不改，情思细腻，传世名篇《长恨歌》《琵琶行》，至今令人咀嚼唏嘘。

白居易晚年，已无做官之累，但社会威望几乎达到顶点。此时的白居易倾心佛道，布施洛阳香山寺，以香山居士自号。

会昌五年（845 年），白居易七十四岁，他在其位于履道里的家中举行“七老会”，与会者包括胡杲（八十九岁）、吉皎（八十六岁）、郑据（八十四岁）、刘真（八十二岁）、卢贞（八十二岁）、张浑（七十四岁）。同年夏的一次聚会上，在“七老”之外，又加上了僧如满（九十五岁）、李元爽（一百三十六岁，被认为是史上记载年龄最大的人），完成了被后世称为“香山九老会”的盛举。

老人们聚在一起，饮酒赋诗，听歌赏舞，也歌舞其间。白居易请画工绘成《九老图》，把老人们所做诗文题在画像旁边。后“香山九老”成为中国画的经典题材，被历代书画名家不断绘制。

在白居易的履道里，老人们兴之所至，写“醉舞两回迎劝酒，狂歌一曲会娱身”，也写“临阶花笑如歌妓，傍竹松声当管弦。虽未学穷生死诀，人间岂不是神仙”。

诗歌中的洒脱豪迈，又岂有一丝老态？

一年之后，也就是会昌六年（846年），白居易辞世。

白居易与香山九老的生命态度赢得了世人的尊重，以至于后世纷纷效仿。宋太宗至道年间（995—997年），北宋名相李昉罢相后组“九

清康熙至乾隆碧玉雕五老图笔筒，2017年巴黎苏富比拍卖

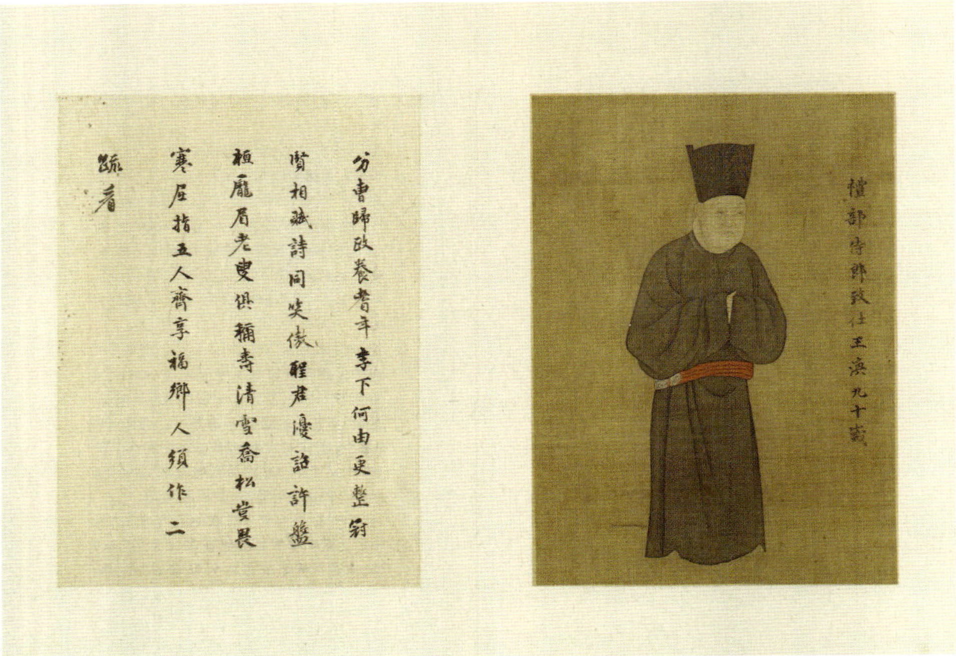
禮部侍郎致仕王渙九十歲

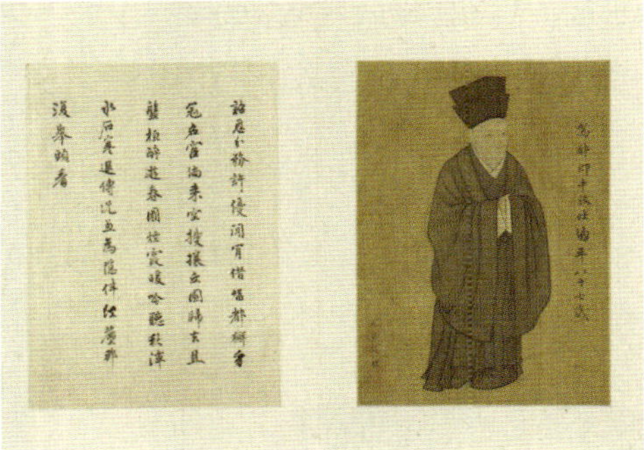

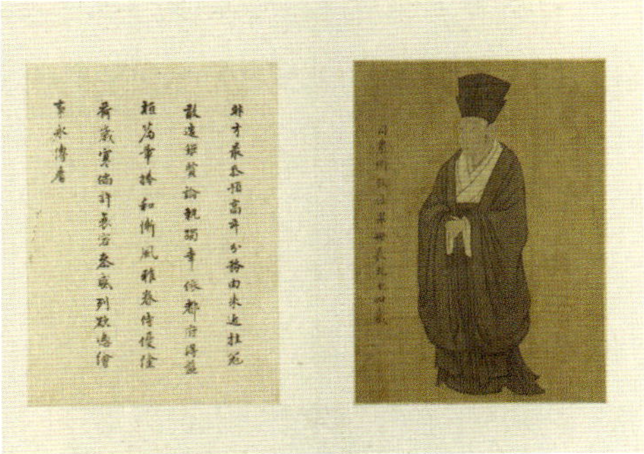

老会”；宋神宗元丰三年（1080 年）九月，太尉兼西京留守文彦博发起“洛阳五老会”；元丰五年（1082 年），文彦博集洛中退休官员年高德劭者富弼、司马光等十三人为“洛阳耆英会”……以尊老敬老为内容的“尚齿会”“怡老会”，自宋以后成为社会风气。

2017 年 6 月 22 日，巴黎苏富比拍卖公司拍卖了一件“清康熙至乾隆碧玉雕五老图笔筒”，充分反映了“香山九老”的历史影响，也引出另一段令人唏嘘不已的绘画故事。

此笔筒专门为宫廷所制，雕刻“睢阳五老”饮酒作乐于山林之中的场景。

“睢阳五老”，此说法出自元代诗人周密的《齐东野语》。

周密为什么要记录“睢阳五老”呢？

《齐东野语》原文是这样的——

前辈耆年硕德，闲居里舍，游从诗酒之乐，风流雅韵，一时歆羡。后世想慕，绘而为图，传之好事，盖不可一二数也。今姑据其表表者于此，致景行仰止之意云。

也就是说，当时的时尚生活之一，是把一些德高望重的老人退居后高雅而自在的生活绘制成图，供后人敬仰。这些老人既是社会羡慕的榜样，也是道德教化的范本。

不过，周密并没有特别着重介绍“睢阳五老”，因为如前所述，当时著名的神仙一般的老人群体不止于此。周密谈到了唐代的“香山九老”，宋代的“至道九老”“元丰洛阳耆英会”“吴兴六老之会”“吴中元丰十老之集”，与以上“神仙”老人群体同时并列出现的还有北宋的“至和五老”，这“至和五老”就是后来所谓的“睢阳五老”。

《齐东野语》称——

至和五老则杜衍（丞相，祁国公，八十）、王涣（礼部侍郎，九十）、毕世长（司农卿，九十四）、朱贯（兵部郎中，八十八）、冯平（驾部郎中，八十八）。时钱明逸留钥睢阳，为之图象而序之。

后来“睢阳五老”之所以名声大噪，正是与周密记录的北宋名臣钱明逸请人画“睢阳五老”有关。

当时，钱明逸请丹青高手为“睢阳五老”各绘制了一幅全身像，并让五人在图上赋诗。此画绘制精美，尤其是人物脸部描绘细腻，栩栩如生。其后，欧阳修、晏殊、范仲淹、文彦博、司马光、程颢、程颐、苏轼、苏辙、黄庭坚等北宋重量级人物纷纷在画上题诗题跋。而这件作品问世近千年来，不断有名人大家为之题跋、作序、写诗、装裱，现存历代名家一百二十余人题跋和观识。这种千年流传，在中国绘画史上极为罕见。

可惜的是，20 世纪初，《睢阳五老图》被“五马分尸”。

其时，古董商人将此图卖往美国。资料显示，美国买家对这些生动的人物肖像极感兴趣，与之相比，他们对随画所附的中国文字所写的观识与题跋却不甚感兴趣。为了迎合美国买家，商人就动手一一裁开，喜欢画就只给你们画。于是，今天我们看到的《睢阳五老图》原作就这样被割成五块，分别藏于美国三家博物馆：冯平像和王涣像藏于华盛顿佛利尔博物馆，朱贯像和杜衍像藏于耶鲁大学博物馆，毕世长像藏于纽约大都会艺术博物馆（该馆还藏有钱明逸为此图题写的《五老图序》，明人王逊、李幹、姚广孝、申时行、朱之蕃、顾起元、朱集璜、清人归庄、徐炯、朱懋修、朱彝尊、左宗棠、李慈铭、盛昱等人的题跋和观识，以及陈长吉、钱梦庐、狄曼农、金城等人的鉴藏印）。

商人的手脚还没有做完，他们知道，外国人不太了解的题跋与观识，但中国人喜欢得不得了，于是偷梁换柱，将明人尤求临摹的《睢阳五老图》与这些被切割剩下的原画观识与题跋重新裱在一起，又凑成一套，卖给了中国藏家。

这件尤求临摹的《睢阳五老图》与原画的五十六家观识与题跋，今藏于上海博物馆。

从《睢阳五老图》历史流传的盛况可知，自《香山九老图》问世开始，一种有尊严、有格调、为世人所景仰的养老方式早已深入中国文化的主流脉络中，以至反复出现，被不断吟咏，这也是后来在玉器、瓷器等古器物上可以不断看到各种老人图像的原因。

到了清代，尊老风气日盛，对寿高百岁的老人，即便是平民百姓，也会受到朝廷的嘉奖，如赐杖、赠匾，建以老人为祥瑞的“人瑞坊”等。民间社会尊老敬贤，在各地宗族祠堂、庙宇和家庭堂屋中放置《九老图》及张挂《寿星图》等。

乾隆二十六年（1761年）崇庆皇太后七十岁生日时，乾隆皇帝在北京香山静宜园举办了第一次“三班九老”宴游盛典。所谓“三班九老”，指的是参加庆典的老人包括：亲王及在任文职九人、在任武职九人、退休大臣九人。这二十七人的年龄总合为二千零三岁。

在乾隆皇帝看来，“我国家累洽重熙，渐摩培养，史称世如春而人多寿，信非虚语”。也就是说，乾隆皇帝认为，国家盛世，人们寿命必然会提升，这是非常好的事情。

十年之后，崇庆皇太后八十岁生日时，乾隆皇帝在香山静宜园举办了第二次“三班九老会”。乾隆四十二年（1777年），皇太后于辞世，“三班九老会”盛典再也没有举办。

然而，乾隆皇帝始终记挂着这件事。乾隆四十八年（1783年），他在香山静宜园忆起两次“三班九老会”的情景而泪奔，写下《题木刻屏——香山佳会》：“香山屏刻会香山，九老遗风想象间。却忆祝釐曾两度，那禁即景涕潸潸。”

▶乾隆皇帝御赐银质养老牌，2017年中国嘉德春季拍卖

比“三班九老”宴游名声更大的，恐怕就是“千叟宴”了。

康熙五十二年（1713 年），适逢康熙帝六十岁寿诞，有不少各地的老人专程到京城来给皇帝祝寿，康熙觉得不能让这些老人白来一趟，于是下令，在畅春园宴赏各地来祝寿的老人一千余人，这就是第一次千叟宴。

康熙六十年（1721 年），康熙皇帝再次举办大宴，并御制《千叟宴诗》，“千叟宴”这个宴会名称便由此而来。

乾隆五十年（1785 年）和乾隆六十年（1795 年），乾隆皇帝两次举办千叟宴。尤其是乾隆六十年，乾隆帝已过八旬，五世同堂，宣布明年举行归政，退居太上皇，由嘉庆帝继位，下令举办千叟宴。

这一次宴会规模最大，据清代昭梿《啸亭续录》载：“六十以上预宴者凡五千九百余人，百岁老民至以十数计”，而且，经乾隆帝的多次谕令筛选，不少无官职的平民老人也得以参加大宴。宴会从乾隆六十年中开始筹备，至次年嘉庆元年（1796 年）正月举行。这场宴会也因此成为美食美器的一次大展示，堪称饮食礼仪的大表演。

在宴会上，乾隆皇帝还大行赏赐参宴的耆老们，给老人们御赐养

老牌。以乾隆五十年第三次千叟宴为例，赏赐参与宴会耆老们的银制养老牌从十两到三十两重不等，分发给从七十至九十岁的老人们。老人每长五岁，银牌提升一个档次，分别赏十两、十五两、二十两、二十五两、三十两养老银牌一面。理论上讲，这牌子可以直接当银子用，或者兑换成银子用。

按乾隆皇帝本来的想法，是想让此类银牌流传下去，但世事变迁，此类银牌后来多数被化成小块花掉了，所以如今完整存世的并不多。

在饮馔、观剧等一系列活动结束后，与宴人员即席赋诗，此次宴会后结集的诗作共有三千四百九十七首。

对于千叟宴，乾隆皇帝颇引以为傲，赋诗“祖孙两举千叟宴，史策饶他莫并肩”，一副前无古人的伟岸之姿，足见其心中所想。

清代对于养老的重视，很多学者以为达到中国历史极致，当然，这也与清代距离今天较近，很多历史资料细节能够保留有关。

比如，《大清会典例》中有“存留养亲”律例，明文规定：凡应判刑的罪犯，若家中祖父母、父母年龄都在七十岁以上的，或者家中守寡的母亲守节已经超过二十年，家里又没有成年男子和未成年的男孩，可申请不判死刑，不流放，以此尽量避免一家没有后代奉养父母老人，或者从此绝了后代。但如果被害人也是父母老弱或者患有疾病的，罪犯就只能照原罪判刑了，以不让受害人家中老人感受不公平。

无论在养老的环节，清代是否达到极致，但清晰可见的是，中国社会尊老的传统一以贯之，在这种传统当中，老人自尊自强，垂范于世，而社会成员则自上而下，敬老尚齿。

何谓传统？

民风如斯，便是传统。

第九 张画·《十八学士图》

古人为什么要雅集

言及“香山九老”，我们必须要说，这九老的聚会是中国历史上最负盛名的雅集之一。

谈中国文化，不能不谈雅集。

一般而言，人们认为雅集的传统可追溯至汉代时的“梁苑之游”。在汉初，“七国之乱”被平定，汉景帝胞弟梁孝王刘武因平定之功权倾一时，广筑梁苑，云集其时一流文豪——枚乘、司马相如、邹阳、庄忌、公孙诡、公孙乘、羊胜、路乔如、韩安国等人。枚乘的代表作《七发》和司马相如的《子虚赋》就在梁苑完成。“梁苑之游”由此被认为开中国雅集先河。而中国古人在公众场合即兴赋诗也已是稀松平常之事，像刘邦有感而发的“大风起兮云飞扬”，曹操横槊赋诗“对酒当歌，人生几何”，都是鲜明的佐证。

将雅集场面画出来，就是雅集图了。其中，有一种《十八学士图》有些“另类”。

唐武德四年（621 年），秦王李世民被封为天策上将。然而这位

能征惯战的皇子却决定转身了。在他看来，争夺天下的战役基本结束，大唐最高层将进入治理天下的阶段。于是，李世民开立文学馆，招贤纳士，得十八人，即“秦府十八学士”。

李世民令画家阎立本为十八人写真画像，由褚亮题写颂赞，这就是最初的《十八学士图》。阎立本所画的原图已失，我们只能依据绘画过程推测，最初的图画应该是一图一赞，就好像我们过去看的绣像小说一样：一个人的全身像，旁边有一段文字介绍。

今天我们看到的《十八学士图》，在这种样貌的图画之外，更多的则是以雅集形态呈现的。比较早的版本应当算是旧传刘松年摹五代画家周文矩的《十八学士图》。周文矩原作也看不到了，从摹本看，这个版本却极为精彩，直到清代仍被后人临摹得神采飞扬。

此版本应是描绘十八位学士在秦王府中的情景，气氛相当闲适。李世民招揽贤才乃是为了激烈的皇位角逐，因此，此种闲适更似在描绘秦王李世民的沉着与智慧——他在秦王府所营造出的是外松内紧的

▼《十八学士图》南宋 刘松年 台北故宫博物院藏

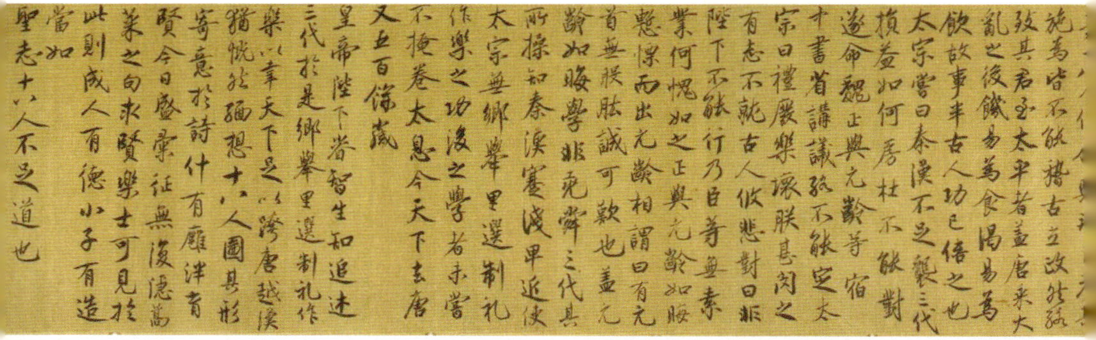

独特氛围，颇耐寻味。

仔细端详，绘画场景很难说是一场雅集，还是秦王府日常工作状态的瞬间速写。十八人在秦王府的文学馆中，六人一组，轮流值班。画面甚至还带着交接班的气氛。有趣的是，这一五代创立的版本到了宋徽宗赵佶手里，呈现出另一种味道。

赵佶把十八学士从室内拉到了室外，宴饮、赏景、音乐、放马……画面有一些雅集的味道，于是不少人也以文人雅集来看这幅画，可惜，宋徽宗也并不是这个意思。

在赵佶《十八学士图》后面，有蔡京的一段题跋，这段题跋似乎比这张画还有名。人们认为，这幅字的水平非常之高，真实体现了蔡京的书写水平。

那么，蔡京写了什么呢？

蔡京说，唐太宗李世民得到的这十八个人，我考证过，实在是没做出过什么了不起的事，比您老人家（宋徽宗赵佶）乡举里选的人才发掘，那差远了，可是您还很谦虚，画了这幅画，以唐代十八学士图的故事比喻今天贤人不用隐居，人才鼎盛的状况（“廱泮育贤今日盛，汇征无复隐蒿莱”），您今天早已经超越汉唐了。

蔡先生话说得真是受用！

赵佶很可能信以为真了。

他的《十八学士图》这样处理，本身就透着一种文化上的自傲。“廱泮”两字，“廱”为乡饮，“泮”为宫学、太学，两字典出儒家经典《礼经》（含《周礼》《礼仪》《礼记》，又称“三礼”），讲的是周代对待贤人的礼节。

这是怎样一种礼节呢？

首先，周代太学设在郊外，就在泮水旁边，这是宋徽宗赵佶把《十八学士图》的画面从室内移到室外的原因所在，其场景：郊外加水边。

其次，周代如何对待贤人呢？周王会亲自赶到太学，祭祀祖先与先师，然后请来德高望重的老人予以慰问，再然后用盛大的礼仪，共同迎接贤人，与贤人宴饮，这就是著名的“乡饮”。

乡饮，在中国历史中是被极为推崇的一种重老尊贤的礼仪（清代千叟宴的仪式源头也应为此），从周代开始一直持续到民国，翻阅历史我们也看到，能够成为地方受邀的“大宾”参与乡饮，在当地是无比荣耀的事情。

乡饮的细节，就如宋徽宗《十八学士图》所绘，这样的画面和儒

◀《唐十八学士图》局部 北宋 赵佶 台北故宫博物院藏

◀《唐十八学士图》后蔡京题跋

▲台北故宫博物院所藏明人《十八学士图》，因清乾隆《石渠宝笈三编》著录为《宋人十八学士图》而旧传为宋人所做，今学者认为实为明人所为，画面的主题很清晰——琴、棋、书、画。

家典籍的记载可以对应的，足见宋徽宗画画的构思与创作的用心程度。

可是我们再往后看，《十八学士图》在流传的过程中，这最初的玄机就没有了，虽然后来的画家保持了最初的画面风格，但表达的内涵却已经有了天壤之别，主题被偷偷调换为“琴棋书画”这样典型的雅集题材。

那我们不妨问一句，文人为什么要雅集？《十八学士图》被不断演绎，又代表着古人怎样的一种思考呢？

可以说，在雅集当中，国人最为熟知的当属兰亭雅集。

晋穆帝永和九年（353 年）三月初三，即上巳节，传说中古代春天的修禊日（所谓修禊，乃是春日来临，季节变迁，人们在河水中洗浴祈福的习俗），在会稽郡山阴城的兰亭，四十多位社会名流云集，他们是当时社会顶尖人物，囊括王家、谢家等东晋豪族。

这些顶尖人物在水边的修禊，还包括了一个传统的内容，即“曲水流觞”。其时的玩法是，在上流放置斟上美酒的酒杯，酒杯顺流而下，停在谁的面前，谁就要作诗，做不出来就取杯饮酒。参与其间的四十二人中，有十一个人各作诗两首，十五个人各作诗一首，十六个人因没有作出诗而被罚了酒。所成诗作三十七首汇集成册，称之为《兰亭集》。

大家推荐主人王羲之为《兰亭集》作序，孙绰作后序。王羲之趁着酒兴，拿起他著名的鼠须笔，一气呵成写就了《兰亭集序》。这次雅集的一个意外成果，是产生了《兰亭集序》这样一件奠定中国书法中行书审美的范本，历代行书的书写者，莫不以此为书写参照标准。

另一个影响，就是令雅集活动成为令后人追慕的传统，进而被推广为深入中国古代社会交往的必需品，几乎与今天的聚会吃饭一样普及。打开《红楼梦》，我们看见大观园内组织诗社，找各种由头聚众饮酒赋诗，就是在玩雅集。

雅集的内容非常丰富，饮酒、赋诗、听琴、对弈、画画、焚香、鉴古、坐禅、猜谜、品茶、赏石、观鱼、插花……无论做什么，既然是雅集，那它的核心就是一个字：雅。

中国雅集注重参与度，也重视参与者的个性表达，随性而洒脱，

▼《兰亭修禊图》 明代 文徵明
24.2cm×60.1cm 故宫博物院藏

这同样也是中国传统文化的特色。

有一种观点认为，日本原汁原味地保留了很多中国传统文化的本来面目，想看原汁原味的中国文化要到日本去。这个说法，既有道理，也有问题。

日本是一个很善于学习的民族，谁先进就向谁学习，而且这种学习认认真真，不打折扣。

有媒体报道过日本向西方人学习足球的过程。他们把欧洲优秀职业足球俱乐部的整套体系拿到了日本，这种拿不是鲁迅的拿来主义——取其精华、弃其糟粕，而是认认真真地先原样照做，像场边矿泉水多少距离放一瓶，都经过测量以后原封不动地拿过来。

从这个例子可以想见，日本在历史上是怎么“拿”中国文化的。

日本以其坚韧的民族性格，执着地将中国文化细节化、标准化，重新梳理组合，称之为“道”。所谓“香道”“茶道”“花道”，即是如此。细节化、标准化后的文化表达，一板一眼，极具仪式感，这令很多中国普通公众叹为观止，也由此认为，日本的这些“道”就是中国文化原汁原味的传承。

▲《渔村小雪图》 北宋 王诜
44.5cm×219.5cm 故宫博物院藏

可是，一个有趣的现象是，与普通公众不同，从事类似行业的中国专业人士，却努力与日本各种“道”撇清关系。为了区隔，中国专业人士把香、茶之类的品鉴活动称之为“席”，这就是公众常会看到的“茶席”“香席”等。

“道”与“席”的差别，可不是一字之差！它体现了双方文化不同的价值取向。

中国文化随意洒脱的特性，也就是雅的感觉，和日本的“道”是两种味道。其根本原因在于，日本的认真、精致大约相当于中国文化的第一个阶段，也就是我们通常称为“匠”的阶段。可是，日本文化将却这种“匠”称之为“道”。“匠”当然很好，今天我们也特别鼓励“工匠精神”，但中国传统文化讲究的是从“匠”的过程脱胎换骨，达到更高的自由之境，也就是我们所说的“道”。“道”是一种无限的自由，怎么会是一板一眼？

比如说，较为典型的中国书法。

中国书法是非常讲究基本功的，但这只是出发点而已，所谓“学书者始由不工求工，继由工求不工。不工者，工之极也”。又所谓“法有法”“法无定法”。它的要求，是你既要工巧，也要会非常灵活地控制工巧，乃至于把工巧巧妙地藏起来，看似随心所欲，而又无处不合于原则。

这就是中国古代文化中雅的味道。

可以说，中国古代倡导的是风雅型的社会，整个社会以雅为高，以雅为贵，以雅为追求。

有钱、有权，都不意味着你能进入主流社会，你必须有雅，就算是附庸，也必须要附庸风雅，因为风雅的社会文化实在是太强大了，要么是真的风雅，要么附庸，否则就等于自弃于主流社会。

比如，唐明皇为什么要召见李白？就是因为社会有雅的追求，唐明皇是雅的倡导者，他一定要见李白。

唐明皇代表着一个时代。

唐风尚雅，更好雅集。“初唐四杰”之一的王勃，他那篇千古名作《滕王阁序》，就是在参加滕王阁雅集时写下的。只不过有关这场雅集的记录不像兰亭旁的那般清晰。其时到底发生了什么事，史书中所载的各种情节如小说般精彩，但很难说就是历史本来面目。仅通过王勃《滕王阁序》的文本本身我们可以确认的是，当时有一群人，大家都有诗文的交流，以此篇为雅集之序。

实际上，中国古代四大名楼，鹳雀楼、黄鹤楼、滕王阁、岳阳楼，都是因诗文而传世的——这些地方本来就是文人雅集之所。

历史上的雅集，正如今天的请客吃饭，不胜枚举。相对著名的雅集，还有东汉末年以曹丕为首的邺下雅集；北宋晚期苏轼、苏澈、米芾、黄庭坚、晁补之、秦观等文人名流在驸马都尉王诜家的西园雅集；元末张雨、黄溍、袁华、黄公望、倪瓒、杨维桢、柯九思、王蒙、朱珪在顾阿瑛家的玉山雅集等。其中，与“兰亭集”名气近似的，就是发生在北宋汴京的“西园雅集”。

“西园”这一称谓由来说法不一，据考，很可能来自东晋的顾恺之。

顾恺之首创“文士雅集”图像。据《历代名画记》记载，顾恺之曾作有《陈思王诗图》，即《清夜游西园图》。此图根据曹丕与曹植兄弟在邺宫宴饮酬酢之诗而作，描述兄弟间诗酒宴会、相洽无间的情境。这成为后世“文士雅集图像”的最早范本，而此间所说“西园”，指文昌殿西铜爵园。后世所谓“西园雅集”很可能正取典于此。

北宋西园雅集的发生，首先要归功驸马都尉王诜。

王诜，字晋卿，太原人，幼好读书，长有才誉，被神宗选中，将英宗的女儿嫁给他，官驸马都尉。王诜好书画，家有宝绘楼，收藏法书名画。苏轼称他的书画水平“山水近规李成，远绍王维”“得破墨三昧”“金碧绯映，风韵动人”，其传世作品有《渔村小雪图》《烟江迭嶂图》等。

其时，王诜请善画人物的著名画家李公麟，把自己和友人苏轼、苏辙、黄鲁直、秦观、李公麟、米芾、蔡肇、李之仪、郑靖老、张耒、王钦臣、刘泾、晁补之以及僧圆通、道士陈碧虚画在一起，主友十六人，加上侍姬、书童，共二十二人，取名《西园雅集图》。米芾为此图作记，即《西园雅集图记》。

由于苏轼、苏辙、黄鲁直、李公麟、米芾等都是千年难遇的奇才，他们共同出现在一幅画上，令后人景仰之余，纷纷摹绘《西园雅集图》追慕。此后，著名画家刘松年、僧梵隆、马和之、赵伯驹、马远、钱选、赵孟頫、戴进、商喜、唐寅、仇英、尤求、程仲坚、李士达、石涛、丁观鹏、徐扬直至现代的傅抱石、张大千等，都曾画过《西园雅集图》，以至于“西园雅集图”走出了时代，成为中国人物画家的一个经典画题。

下面我们通过刘松年的《西园雅集图》，看看当时的雅集上都发生了什么事。

参加雅集的十六人被分五组。

正如米芾在《西园雅集图记》中所写："自东坡而下，凡十有六人，以文章议论，博学辨识，英辞妙墨，好古多闻，雄豪绝俗之资，高僧羽流之杰，卓然高致，名动四夷，后之览者，不独图画之可观，亦足仿佛其人耳！"西园雅集堪称中国文人的心灵归宿。

可以说，中国传统社会中，任尔何等强悍，都要在文化面前低头，这是中国古代文化的强大。

我们今天谈精神文明与物质文明，物质文明如脱缰野马，而精神文明却如绿豆芽，水嫩而虚弱，对比之下，中国古人在精神建设方面之强大令人咋舌。

第三组：王钦臣观米芾题石

第四组：苏辙、黄庭坚、晁补之、张耒、郑靖老观李公麟画陶潜归去来图

第五组：刘泾与圆通大师谈无生论

雅集中有两样是基础性的，那就是饮酒和为文赋诗。酒是作为为文赋诗的催化剂而存在。没有为文赋诗的本事，上酒桌基本就只能醉生梦死了。

那么，中国为什么这么注重为文赋诗呢？这同样也是中国式的智慧。

从整理《诗经》开始，人们就明白，诗是用来言志的。

看《兰亭集序》我们会发现，王羲之在其中说，今天无论你是在屋里，还是在室外放浪形骸，你可能都忘了老之将至，我们在今天雅集，

▼《西园雅集图》 北宋 刘松年 台北故宫博物院

第一组：王诜、蔡肇和李之仪围观苏轼写书法

第二组：秦观听陈景元弹阮

把此刻对于生命的各种理解记录下来，留给后人看看，看我们今天都在想些什么。

王勃的《滕王阁序》也并非只是"落霞与孤鹜齐飞，秋水共长天一色"的铺张，更是大志难舒的感慨。

所以，无论是以什么为媒介，交流思想都是雅集的基础功能，那交流的是什么呢？就是每一个人对生命的理解及他的志向所在。

在古代社会，人们一定是看重志向的。

▲《滕王阁图》 元代 夏永
25.5cm × 26cm 上海博物馆藏

一些脍炙人口的古代爱情故事，比如《西厢记》之类，说一个小姐看中一个赶考的举子，乃至私订终身等，今人往往以歌颂自由爱情为阅读视角，这是很可疑的，乃至于《红楼梦》里描写贾母对此不以为然，说这个不守礼法的混账故事实在是没什么可颂扬的——“三俗”。那么这样的故事为什么还会流传呢？这除了细腻的情爱传奇与故事细节本身吸引人之外，其中的精神内涵，包含着对有志向的读书人的鼓励与回报。这是那个年代的主旋律。

其实，志向的秘密早已被写在历史中。

比如，“老骥伏枥，志在千里”——曹操能说出这句话，背后就包含着整个文明的密码。在中国传统社会的文明标准中，什么是英雄，什么是一个真正的男人？那就是，无论在什么样的环境下，都不放弃你的人生追求，敢于坚守你的志向，这样的人，是传统社会最为看重和乐于褒扬的。

与这些雅集相比，《十八学士图》确实有一点特殊。

这十八个人并不像蔡京所说的无所作为，因为李世民召集的本就是天下顶尖的文士，其中包括政治家、外交家、文学家、史学家等。表面上，所谓“文学馆”，是十八人与李世民赋诗唱和，实际上他们最终做成了两件重大的事情。

第一件事，就是以智囊团身份帮助李世民夺位，最终发动玄武门之变，上位成功。

第二件事，就是介入贞观时期的政治管理，从国家政策到文化领域，全面塑造了大唐的未来走向。所谓“贞观之治”，正是这些人与李世民合作的结果。

有了如此重大的贡献，这十八个人自然得到了李世民的特殊礼遇，被李世民如对待跟随他征战天下的二十四将一样，供奉在凌烟阁中。这十八个人入驻秦王府文学馆的事迹，也被称为“十八学士登瀛洲”。

▲《摹宋人文会图》 清代 姚文瀚
46.8cm×196.1cm 台北故宫博物院收藏
此卷与刘松年《十八学士图》构图相同，
作成于乾隆十七年（1752年）

◀《步辇图》 唐代 （传）阎立本
38.5cm×129.6cm 美国波士顿美术馆藏

瀛洲为仙山的代名词，从中我们也大致可以隐约窥见，这十八人在古人心中所能获得的认知度。

十八学士的成功故事，对于此后历朝历代的统治者与文人都是一种示范，因此，“十八学士”会被作为一个经典题材，被反复吟咏，反复绘画。在文人心中也愿意相信，这十八位顶尖文人，其生活本就是一场雅集。

在雅集图中，我们看见了出世与入世的两种态度，而无论是哪一种，表面看上去，都是一派轻松闲适的景致，而实际上，他们所具有的特殊价值远远超出了画面氛围本身。

《十八学士图》局部

牛
者

第十张画·《耕织图》

忠厚传家久
诗书继世长

▶《耕织图》局部　元代　程棨摹楼璹
美国弗利尔美术馆藏

传统中国人的性格带有鲜明的农业社会烙印。

中国古代农业社会的特点，常常被概括为男耕女织。

耕，然后有了食物；织，然后有了衣服。衣食是人类生存的最基础要素。社会要想安定，一定要有安稳的衣食环境，而对于生产力低下的人类古代社会来说，做到这一点并不容易。因此，历朝历代的君主，没有不把耕织作为国家基石来对待的。

现在一般认为，系统描绘耕织场面的《耕织图》始于南宋临安于潜县令楼璹。

其时，楼璹绘制的《耕织图》包括《耕图》二十一幅，绘制内容涵盖“浸种”到“入仓”整个过程；《织图》二十四幅，涵盖从“浴蚕”到“剪帛”的全过程。每幅图都配以五言八句律诗。

楼璹将《耕织图》绘成正、副两卷，正卷进呈朝廷，献给宋高宗，副本留在家中。可惜的是，无论是正本还是副本，今都已无存。

宋高宗看到楼璹的《耕织图》后大为感慨，命宫廷画师摹绘。这次摹绘的画作中，关于耕的部分，也就是《耕图》没有流传下来，而织的部分——《蚕织图》却奇迹般地在 1984 年的黑龙江省大庆市重被发现，随后被黑龙江省博物馆收藏，成为该馆十大镇馆之宝之一。

楼璹《耕织图》以图画配诗，开启了劝农的新方式。除了用来自警及用于宫廷教育之外，在宋代皇帝的倡导下，南宋各府、州、县的衙门墙壁上都绘有《耕织图》的图画和诗歌，一方面提醒官员重视耕织，一方面将耕织的标准化流程向公众传达。

元代时，安徽休宁人程棨根据楼氏家族收藏的副本临摹了一套《耕织图》，流传于世。这使得我们可以窥测楼璹当年《耕织图》的大致模样。后来的明清，都把《耕织图》作为施政参考加以重视，重新绘制推广。《耕织图》被称之为“世界首部农业科普画册”，其影响之大，也广播海外。

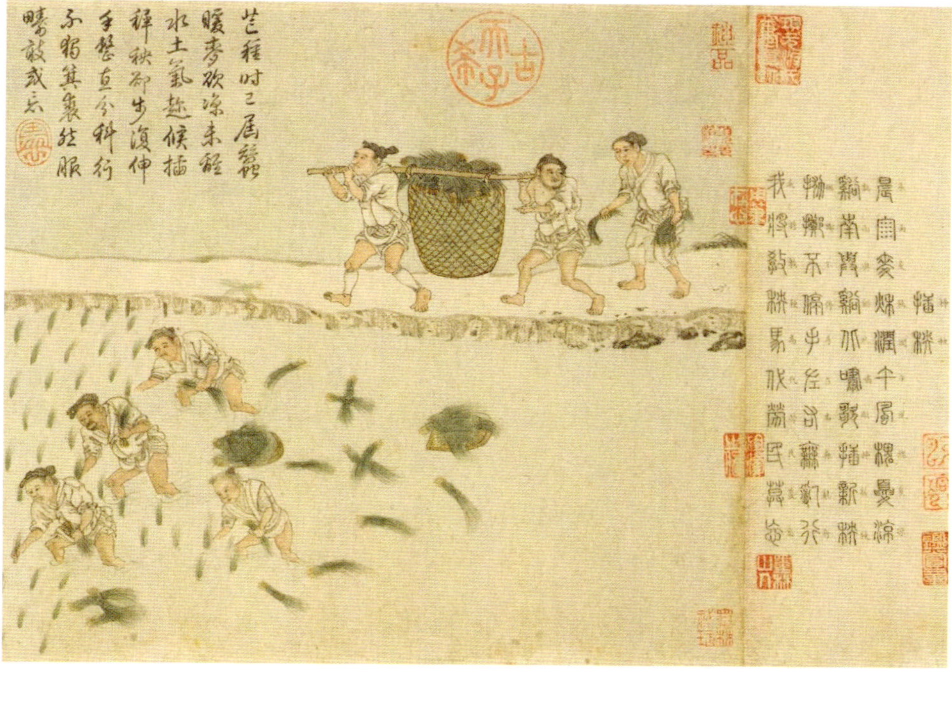

▶《蚕织图》局部 南宋 佚名
黑龙江省博物馆藏

今天我们谈到古代中国对世界的影响，通常想到的会是瓷器、丝绸、茶叶，会想到四大发明，实际上中国农业以及相关文明对世界影响也十分巨大。

我们从欧洲说起。欧洲哪个国家最像中国呢？

对，法国。

为什么？

因为与其他欧洲国家相比，法国具有更为优越的农业环境，尤其是种植业，同时法国的文化底蕴也相对深厚。欧洲文明的演进过程，是一个从地中海向北逐渐扩展的过程，先是希腊，然后是罗马，然后再向北，法国向意大利学习，英国再向法国学习……大致如此。

丰富的物产、良好的农业环境，加上较早的文化觉醒，为法国带来了什么呢？

你一定会想到——法国美食。

法国人不仅对美食的追求像极了中国人，而且享受生活的态度也很像中国人，这就是环境使然。也正因如此，引领法国的学者在接触到中国文化之后，很容易产生强烈的共鸣。他们看到，中国儒家文化所塑造的农业环境，社会井然、民风淳朴，令人向往。他们认为，中国文明之路是人类社会的正途，于是起而效之，这就诞生了法国的重农学派。

法国重农学派创始人魁奈（有“欧洲的孔子”之称）生前研究中国的成果汇编为《中华帝国的专制制度》一书。他在认真研究总结中国农业治国方略之后，极力主张“以农为本”。在他的影响下，路易十五的情妇蓬巴杜夫人劝说路易十五模仿中国皇帝实行“耕田大典”。1768 年 6 月 15 日，这一仪式在凡尔赛宫举行。

可是，法国人的理想存在很现实的问题，那就是欧洲的自然环境无法与中国相提并论，并不具备建立中国式农业社会的条件，欧洲对

于中国田园式生活的憧憬由此变成了遥不可及的梦想。

梦想还是要有的，万一要实现了呢——这句话太适合欧洲人的中国式田园生活理想了。

新大陆的发现与开拓，让欧洲人踏上了今天美国这片土地。他们惊喜地发现，在欧洲遥不可及的梦想，竟然是为这里准备的！就自然环境而言，无论是地理纬度、气候条件、广阔的土地资源，美国都太像中国了，而且比中国的条件更为优越。

那个时代，美国的立国者们就以怎样的基础立国产生了激烈的争论。其结果是，美国决定接过法国重农主义的接力棒，用农业立国，以此来打造美国。

美国的缔造者之一本杰明·富兰克林在1769 年发表了一篇文章，题为《关于国民财富有待研究的几个问题》。在文中，他认为，一个民族获得财富的途径有三条：战争、商业和农业。从某种程度而言，战

清乾隆，青花双福如意大抱月瓶上的春耕图，香港佳士得2018年春拍

争获利于劫掠，商业获利于欺骗，只有农业是唯一诚实的途径。

以本杰明·富兰克林的智慧，他当然理解战争与商业对一个国家意味着什么，但此时，在战争、商业和农业的权衡中，他有一个更高的判定标准，即探讨公平与自由在这片大陆上实现的可能性，由此倾向了农业。

富兰克林的想法是一个时代的声音。

美国的另一位缔造者托马斯·杰弗逊，直接被他的反对者称之为“小孔子”，他也是美国重农主义者的代表，且当选为美国的第三位总统。他以自己的政治影响力推广他心目中的农业理想国。

在美国重农主义者的心中，美国应该是一个民主和具有美德的国家。民主和美德从哪里来？从农业中来。他们认为，美国农民应该是美国的标准公民。这些农民以家庭为单位形成家庭农场，耕种田园，他们经济独立、生活自由、品性纯良，重视家庭生活，这些都是构成社会良好美德风气的基础。众多这样美好、自由、幸福的家庭构成美国，由他们制定法律，参与政治管理，反过来，美国政府也有义务最大限度地保护这样的家庭，维护美国的基础所在。

为了实现这样的梦想，美国用极大的优惠鼓励美国人以家庭为单

位申请土地。以至于到了 1862 年，美国国会通过并颁布了《宅地法》，移民只要交十美元手续费，便可占用不超过一百六十英亩的荒地，且耕作五年后即成为自己的财产，由此确立了美国家庭农场经营的基本形式。

历史的有趣之处正在这里——以儒家为底蕴的中国农业文明，竟然一脉相传，在欧洲开花，然后漂洋过海，变成了美国立国的基础DNA。

这不是历史的巧合，而是必然。美国立国，正值中国清代乾隆年间，即中国传统农业最后的辉煌时期，也是全世界学习中国最高潮的一个时期。全世界探讨未来社会的构建，不免会以中国作为参考标准之一。此外，在美国立国初期，农业立国有着现实基础。当时资料显示，在最初的大陆殖民地时期，这片土地百分之九十为农业人口。

然而，不仅仅是大清皇帝没有预知未来的能力，美国的立国者也没有。此后人类社会的飞速巨变，科学技术突飞猛进，工业、商业、金融业强势崛起，现代城市成为新的发展引擎，这一切没人可以预料。大清帝国因为远离这一切而无从参与。美国重农主义的历史局限性也体现了出来。在翻天覆地的一番巨变后，美国成为今天的样子。可是，即便如此，今天的美国农业仍然非常强势，他们理直气壮地要求政府补贴农业。

补贴农业是商业平衡的要求？

还是选票政治的需要？

答案是，这是美国的传统，是美国的立国基础之一，代表着“美国精神”中公平与自由的内涵，是美国社会追求美德价值取向的标志。

中国的传统农业影响至此！

可以这样说，中国古代的农业制度、农业技术及传统手工工业，长期在全球处于领先水平，西方对中国的模仿存在了很长时间，与之相比，西方后来居上的时间并不长。

做个不是太恰当的比喻，这就如同龟兔赛跑，西方是龟，中国是兔。兔跑得很快，龟无法与之相提并论，只能一直远远地跟着，但是兔后来睡着了。醒来之后兔忽然发现，龟跑到了自己前面。不仅如此，龟还爬到了一块滑板上（西方工业文明），而面前又正好是一个大下坡。龟很快借助滑板急速前进，一下子把兔甩出好远。兔于是也学龟，找到滑板，学会了驾驶，然后顺着下坡冲了下去，逐渐追上了龟。而这个时候，情况发生了逆转，下坡的路结束了。在龟兔面前出现的是一条更加艰难的上坡路。滑板不管用了，龟兔面临新一轮的竞赛，这是今天东西方文化面临的新挑战，龟兔谁将胜出，取决于新的思想战略，找到适合自己的、更快的应对上坡的办法。

对于传统中国农业，西方不仅有着浓厚的兴趣，也有着切实的研究。

1909 年，美国农业部土壤局局长、威斯康星大学教授富兰克林・H・金教授来到中国太湖流域考察。他的课题是，高速发展的美国农业遇到了一个问题，那就是，肥沃的美国土地，利用不到百年就面临着地力枯竭，而中国的人口密度远高于美国，土地面临的压力比美国大得多，可是中国人的农业耕作已经持续进行了四千年，并没有出现地力枯竭的情况。中国人是如何做到的呢？

通过对中国的实地考察，金教授看懂了，中国农业的秘密，首先是高超的技术水平，传统农业的精耕细作水平，令人叹服。他们可以循环使用各种生物肥料，保证了农业的可持续发展。回到美国之后，他写了一本书《四千年农夫》。这本书提出的观念就是“可持续的发展农业”“生态农业”，这些理念影响了此后世界农业的走向。

当然，金教授还注意到一个非常关键的细节，那就是中国农民在土地上的吃苦耐劳。

今天我们谈《耕织图》，一方面可以直观地感受中国传统农业的技

▲《机声夜课图》 清代 沙馥 65.8cm×134.6cm 南京博物院藏

术水平，而另一方面，也可以感同身受地走进历史，体味古人的生存环境及性格形成的关系。

因为，无论是耕，还是织，都需要吃苦耐劳，都要有严谨的流程，每一步骤都需要踏踏实实、严谨认真，偷不得懒。所以，在中国的传统文化中，也特别强调这种老老实实、勤勤恳恳的态度。本分人、老实人，意味着愿意默默地承担更多责任。中国很多的民间故事，都有不同程度的“反智”的特征，故事里一个老老实实的人总能得到外力帮助，最终有好的结局，而那些想投机取巧的聪明人，常常以失败告终。

我们的祖先并不是不知道智慧的价值，但是却对投机钻营保持着高度的警惕。

耕织这样的事，对于传统中国社会来说，在国为立国之本，从个人角度看，在家也为生存之本，这一点极为现实。

让我们看一个非常有名的故事。

清代蒋士铨有一散文名篇，叫作《鸣机夜课图记》。在这篇散文中，他动情地描写了自己的母亲如何为家庭付出。这位母亲，在作者

◀《乞巧图》局部 五代或北宋 佚名
161.6cm × 110.8cm 美国大都会艺术博物馆藏

小时候有记忆起，就在家里一边纺织、刺绣，一边鼓励、督促作者学习，一点点引导作者认字、写字。由于家庭困难，母亲用一双巧手给家里人做衣服，也做成刺绣、织物到市场去卖，从而解决了家庭的生活问题。后来作者功成名就，也娶了妻子。这位母亲就教授儿媳纺织与刺绣技艺。作者请画师来给家庭画像，在设计场景时，母亲就把儿媳叫到织机旁，表达要将这种传统传承下去。

从蒋士铨的记录中我们看到，这里所谓的“女德”，也就是一双女性的巧手，对于一个家庭的生存会产生怎样的作用。由此也就可以理解，为什么会有专门的“乞巧节”。这是倡导女性对家庭所要尽到的责任。

◀《汉宫图》南宋（传）赵伯驹
台北故宫博物院藏

▲《乞巧图》局部 明代（传）仇英
台北故宫博物院藏

七月七日，也就是“乞巧节”，是我们传统中非常有趣的一个日子。

中国古代，凡奇数重复的日子都是重要的节日：一月一日是元旦，三月三日是上巳（还记得王羲之写《兰亭集序》的事吧），五月五日是端午，七月七日是七夕，九月九日是重阳。

七月七日被认为是节令交替的日子，传统有晒书、晒衣的习俗，到了晚上，要把家里打扫干净，然后要向苍天祈求点什么。这一天也是传说中牛郎织女相会的日子，古人认为，牛郎织女的相会凡人是可以看见的，因此就到院中看。更为私密的事情，古人认为不太可能在大庭广众之下被众人围观，于是就有了在葡萄架底下能听见悄悄话的说法。女性也借着这个机会为自己祈求爱情美满、家庭幸福。今天，我们把七月七作为中国的情人节提出来，就因为它有这样的内涵。

但是，在这样的习俗里，男人们是有点尴尬的。

要这些大老爷们儿也对着牵牛、织女二星祈求爱情——老天爷，求求你了，赐给我一个貌美如花的媳妇……就算心里真是这么想的，也绝对放不下身段。大丈夫何患无妻？算了吧，这个节日你们过吧，

◀《十二月令图·七月》局部　清代　佚名
台北故宫博物院藏

時暇歸覺
倉卒霜濃
手龜坼日
永身髹析
兒童行拾
穗風色凌
短褐歡呼
荷檐歸望
望屋山月

我们还是回去翻翻晒好的那些书吧。翻着翻着，就过去了好多年。终于，有聪明人醍醐灌顶地发现，魁星的生日就是七月七日……重大发现！这就对了嘛，书中自有颜如玉，只要魁星高照，文运亨通，爱情还不就是顺手拈来吗？所以，七月七这天，男人们就拜魁星了。在主动关上一扇门之后，中国古代的男人们又不甘寂寞地打开了另一扇窗。

不过，与七夕的乞巧洪流相比，男性们的这点能量实在是微乎其微。

当女性主宰了七夕以后，她们就把对美好生活的向往都放在了里面，什么能让女性获得美好的幸福，她们就祈求什么，有人概括为乞情、乞福、乞美、乞巧。

乞情，如牛郎织女一般，伉俪情深；乞福，家庭和谐，美满幸福；乞美，打扮自己，期盼美丽永驻。当然，还有最重要的一样：乞巧，也就是祈求智巧。在七夕，女性用很多活动来体现这一点。

对月穿针。典型如五代王仁裕《开元天宝遗事》中所载："七夕，宫中以锦结成楼殿，高百尺，上可以胜数十人，陈以瓜果酒炙，设坐具，以祀牛女二星，妃嫔各以九孔针五色线向月穿之，过者为得巧之候。动清商之曲，宴乐达旦。土民之家皆效之。"此为宫中较为奢华且仪式感很强的乞巧活动，其要点有二：第一，有对牵牛、织女二星的供奉，祈求神灵加持；第二，对月穿针，显示神灵对于祈求者加持的应验。

对日浮针。典型如明刘侗、于奕正在《帝京景物略》中所载："七月七日之午丢巧针。妇女曝盎水日中，顷之，水膜生面，绣针投之则浮，看水底针影。有成云物花头鸟兽影者，有成鞋及剪刀水茄影者，谓乞得巧；其影粗如锤、细如丝、直如轴蜡，此拙征矣。"浮针发生在正午，从或巧或拙的针的影子中捕捉神意。

喜蛛应巧。典型如五代王仁裕《开元天宝遗事》中所载："七月七日，各捉蜘蛛于小盒中，至晓开；视蛛网稀密以为得巧之候。密者言巧多，稀者言巧少。民间亦效之。”蜘蛛结网，近于人类编织，古人借助这种相关性验证是否有神灵相助。

历朝历代，留下了不少以乞巧为表现内容的书画作品。

从宫廷到民间，乞巧活动传承千年，又如此之盛，因为这就是古人生活根基之所在，代表了古代源远流长的主流价值观。我们的传统认为，蚕桑始于黄帝的妻子嫘祖，织绣是最传统的女性技能，代表正统的家庭价值观。

所以，回到蒋士铨的故事中来，我们就很能理解，老夫人将织绣的技艺传给儿媳，不只是生存技能传授，更重要的是传承勇于承担家庭责任的美德。

老夫人的另一个重要特点，就是读书明理。我们常常抨击旧社会主张女子无才便是德，其实这是片面的误读。有见识的读书人都知道读书的重要，对于家中的女孩子一定会有所教育。就像这位老夫人一样，虽然在当时的社会环境中，老夫人无法像男人一样充分施展自己的才华。但是她会用书中看到的人生道理去生活，去支撑自己的价值信念。

有信念就会坚强。中国几千年的传统社会，科学技术落后，人们的视野因客观条件而受限，跟今天完全无法相提并论。然而通过几千年的实践，让古代中国人找到了与科技相适应的精神体系。人们相信它，践行它，无论朝代如何更迭。与之相比，当代科学技术的进步带来了几乎无限的视野拓展，但是处于这样环境中的当代人，如果寻找不到可皈依的精神体系，那么，他的视野与科学知识都不足以让他理解真正的世界与人生。

老夫人有着清晰的信念，所以，她知道在最艰难的困境中也要支持自己的儿子读书。当然，最终儿子也很争气，按照老夫人的规划实现了人生与家庭的梦想。

从上面这个例子我们看到，在耕织的基础上，诗书的作用首先在于铺垫一个人的精神境界，然后向上可依靠科考改变命运，如果科场失利，则退回耕织状态，维持有道德底线的生存。

古人可以应对变数的能力非常有限，他们深知命运无常，不依赖耕织传统而寻求其他投机的生存方式，很难靠得住。因此，退能传家，以忠厚求本，代代相传，家族就能够继世延续；进能济世，以诗书参与国家治理，这样就构成了一幅耕织与诗书并重的古代中国社会画卷。换另一个角度说，古人创立了将阳光种在人心的传统，留下了他们的名言：忠厚传家久，诗书继世长（此副对联有多种版本，如“忠厚传家远，诗书济世长”等，多用于家谱，其中“忠厚传家久，诗书继世长”似最近原意，而由于读书人视读书济世为天生职责，“继世”写作“济世”也非常普遍）。

忠厚的性格与文雅的才华，也成为传统中国人的标准像。曾经的中国文化，是一种润物无声的东西，它深深浸入中国古人的血脉当中，哪怕在田间地头，深山旷野。中华文明默默塑造了这个国家国民与全球其他地区极为不同的世界观。

看懂了这一点，唏嘘之余，深感——

身为中国人，幸耶！

不忘中国传统的精髓，智耶！

《耕织图》局部

項子京家珍藏

《耕织图》局部

赏画，

如临其境

思人，

若闻其声